原動力

成功，從微笑開始

The successful attitude

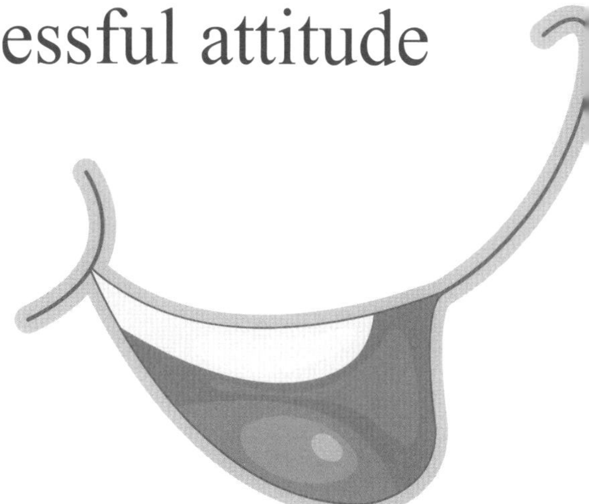

微笑，能讓人生更美好

嗨！

你相信每個人至少都有一位守護神嗎？

我相信。

守護神的使命沒別的，就是看好自己該保護的人。

失意時，鼓勵你振作。

傷心時，幫助你療痛。

害怕時，補給你勇氣。

守護神還有一項很重要的任務，那就是替你帶來好運。

帶來好運？真的嗎？

是的。

有時，是發票中獎。

Preface

作者序

有時，是考試剛好及格。

有時，是接到一封許久未聯絡的朋友的聖誕卡。

守護神還有另一個名字，那就是快樂。

當我們看到一個神采奕奕、充滿笑容的人時，我們會覺得他的運勢必定不錯。

當我們看到一個愁雲慘霧、垂頭喪氣的人時，我們必定會覺得他正在走霉運。

快樂的人，好運就會跟著來。

不快樂的人，想要得到好運，恐怕連一點邊都沾不上。

如果想偄守護神多帶點好運，那麼請先練習讓你的心保持快樂。

剛開始時，一定會受到挫折和阻礙。

但是，請不要放棄。

試著看完這本書，找到讓自己快樂的方法，

只要你願意、你想要，你就能開始微笑，開始快樂。

一旦快樂降臨，天天都能替你招來好運，向成功前進喔！

廖小羽

CONTENTS

CONTENTS

CHAPTER 1

快樂篇——擁有好心情，成功！

想跟我分手？感謝您！

對別人不寬大，苦的正是自己，況且，人都有權利決定自己的意願，追不到她，不如就祝福她吧！

你，戀愛過嗎？

或者，喜歡過某個人嗎？

不管是正在追、追到手，或是蜜月期、冷淡期，只要被愛神丘比特的箭射到了，誰都難保不會有分手的下場，如果你曾經被人分過手，請回想一下當時你的心情如何。是生氣、憤怒？還是很瀟灑地「啊嗚」，仰天長嘯一番？或者天涯何處無知音，何必單戀這個人？

「我們分手吧！」寒流來襲的清晨，囡囡與交往兩年的男友林帆，照例在國父紀念館旁的麥當勞用餐，突然，林帆說出這樣的話。一旁正喝著熱咖啡的囡囡聽到了，以為他在開玩笑，依然翻著剛出版的《流行雜誌》，連頭都沒抬一下。

「我說，我要跟妳分手，妳到底聽見了沒有？」林帆拉下囡囡手中的雜誌，重複著相同的話。

看著男友正經百的模樣，囡囡這才意識到事情大條了，她帶著顫抖的聲音，不敢相信地問林帆：「為什麼？」

「為什麼？因為我已經受夠妳了！」語畢，林帆丟下囡囡，開著他的車揚長而去。午後天氣一直沒有轉晴，囡囡在國父紀念館裏失神地亂繞，她不知道自己做錯了什麼，惹得一向疼她的林帆要分手。選了個電話亭，囡囡撥出熟悉的號碼。

「是妳啊，有什麼事嗎？」林帆的語氣冰冰冷冷。

「我……我想知道我那裏不對……」

「那裏不對？很多哩，說都說不完，總而言之，我是受不了妳了！」

「可是，你明明說過我很可愛的呀？！」

「那是以前，誰知道多讓妳一分，妳就逞起威風來，嘴巴又嘟又翹的，也不看看自己幾歲了，可愛？根本是裝可愛！」電話那頭，林帆開始數落囡囡的不是，說她愛耍小姐脾氣、霸道、小氣又喜歡計較、而且愛慕虛榮、不給他面子，他好不容易賺錢買了一台車載她上下學，她還虧他只買得起二手車……。

「我是開玩笑的。」囡囡急著為自己辯解。

「開玩笑也要有個限度，像這種傷人自尊的玩笑，妳不知道開了多少次，誰受得了？」

林帆火氣一來，愈說愈多，最後撂下一句話：「我想過自己的生活，妳別再找我了！」

掛上話筒，囡囡連電話卡都忘了抽回，此刻，她只想回家痛哭一場。

♥♥♥♥♥♥♥♥♥♥

有一位讀者在來信中提到，他曾經因為喜歡的人不喜歡他而痛不欲生，甚至為情自殺，從獲救到痊癒的這段日子裏，他的腦海中總是猜想著，對方一定會為此感到很痛苦吧！離開醫院後，他做的第一件事就是去看這個拒絕他的人，卻驚訝地發現對方並沒有因為他的自殺而有任何傷心或是改變，仍然跟同事有說有笑。看到心上人的笑容依舊，他突然想開了，在這場自殺劇中，除了他受到皮肉之傷外，更傷了父母的心，而他的心上人在這場劇中根本是連配角都不能算得上。

感情不如意常讓人碎心斷腸，有人為此結束自己的生命，有人選擇報復，好讓對方歉疚一輩子，殊不知這麼做，苦的只是自己，何不將這種悲怨的力量，化為生活的動力，告訴自己「天涯何處無芳草」，以快樂的心情迎接自己的人生呢？如果，只是讓自己一昧的沉浸在自怨自艾的情緒中，不僅看不到未來的希望，更可能連上門的好運都會被一腳踹開呢！流淚後微笑對待生活，才能發現更廣大的世界。

態度決定高度

分手後才會有新戀情的開始！

用自己的立場去想別人是不道德的

人有百百種，你以為這樣做對他最好，但對他來說呢？說不定是最遜的喔！

「只要一句話……」

「就這麼一句話，或許就可以改變姊姊的心意。」咖啡廳內，女主角的妹妹對男主角這麼說。於是，當女主角在舞台上練習大提琴時，男主角即在台下大聲嚷著：「我發誓，再過五十年，我也會和現在一樣愛著妳！」

聽到這句話，女主角的眼淚馬上奪眶而出，並對原本不受青睞的男主角有些感覺，然而，當她得知這句話是妹妹透露出來時，馬上認定男方根本是藉此博得她的同情，這種作法，簡直令人討厭、嘔吐。隔天，女主角在大庭廣眾下，故意讓男主角難堪。後來，她才知道，妹妹僅只於透露這句話而已，對於其他的事，並沒有托盤而出……。為此，女主角覺得她很對不起男主角，她拿起電話，主動約男方見面。

以上是熱門日劇中的一幕。故事中的女主角，因為未婚夫在結婚前一刻意外死亡，從此封閉自己的感情世界，老想著過去美好的倆人時光，和未婚夫說過的一句話。

因此，當又醜又矮的男主角毫不知情地說出這句話時，女主角大受感動，後來又認為男主角利用了她的同情心，而這一切正是女主角以自己的立場去想他人的寫照。

有一位男性朋友曾經向我抱怨，他很受不了他的女友，原因在於女友常會

「撈過界」。今天說他頭髮太長，該剪；明天笑他穿的衣服品味不夠；後天管起他的摳鼻挖耳……。

「總有一天，我一定會火山爆發！」朋友說。

這天和他在路上巧遇，禮貌性地問起何時會有好消息？出乎意料，他的答案是：「再過一百年吧！」

原來，他在某次約會時，將當天公司裏發生的不愉快告訴女朋友，沒想到女友聽了，不但對他落井下石一番，說他不懂得給上司臉色看，隔天竟然還打電話到公司，將他上司亂罵一通，害得一個高薪、福利好的工作就這麼飛了。

「所以，你一氣之下，就和她『切』了？！」我猜測。

「不，我真的很愛她，心想這次就算了，反正工作再找就有，可是，她竟然食髓知味，一而再、再而三的干涉我，連我該找什麼樣的工作、到那家公司應徵都要管，簡直跟慈禧太后沒兩樣，誰受得了？」他抗議。

「其實……」朋友無奈地說：「我只是希望有個人能當我的聽眾，讓我抒發心中的不爽，誰知道事情會變成這樣？」

♥♥♥♥♥♥♥♥♥♥

「愛得愈多，就管得愈多」常常是戀愛中人易犯的毛病。起初，是像一句叮嚀般「天氣這麼冷，記得要多穿件衣服喔！」後來，竟變成看不慣的事就要唸、就想管。

而且，還外加一句：「我不是管你，是為你好！」

可是，當你在說出這句話時，有沒有想過，你的為他好，是否反而會造成他的壓力與不滿呢？

如果，一段原本該是快樂結局的戀愛，就在這種情況下告吹，是不是很嘔呢？戀愛中的你，請好好想一想：有沒有什麼方法可以讓對方體會到你的關心，又不會覺得煩？答案很簡單，只要以同理心對待，而不要以「這樣是為他好」的心態來面對你的「阿那答！」

人有百百種，你以為這樣做對他最好，但對他來說呢？說不定是遜的喔！這樣的相處怎麼會有快樂的心情呢？

態度決定高度

給他愛的眼神，而不是管的口吻！
才會發現，你們的愛情像長「紅」績優股！

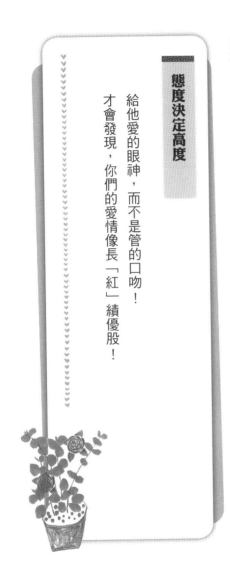

人家不原諒你，那又怎樣？

換個方向想，至少你不用再跟這個人來往，
反而還少了一個麻煩哩！

「妳說，昨天妳人在那裏？」星期一早上，玉芳才到公司，電話內線就響起。打電話來的，正是玉芳的男友正浩。

「我不是告訴過你，我去姨媽家住嗎？」

「妳別騙我了，我明明看到妳和一個男的在西門町，那個人是誰？」聽到正浩的質問，玉芳一點心理準備都沒有，只好連忙否認。

「你……你別胡說！」

「若要人不知，除非己莫為，你們親密的樣子，恰好被攝影機拍下來，也不巧的被我看到，說，他是誰？」

「他……」玉芳突然想起，昨日她和漢宇在西門町約會時，遇到某位玉女歌星的簽唱會，倆人曾經在那兒逗留了一陣子，恐怕就是這時被媒體拍下來！原本，玉芳就打算這錢天找個時間向正浩攤牌，只是苦於不曉得怎麼開口，如今事情提早曝光，玉芳決定將計就計，承認這件事。

「他是我的高中同學。」

「我才不管他是妳什麼時候認識的，我想知道妳心中打的是什麼算盤？妳是不是想腳踏兩條船？」

「不，我絕沒有腳踏兩條船的意思，而且，他也知道有你這個人。」

「他知道妳有男友了，還敢這麼囂張？難不成妳爸媽也知道？只有我一個人被蒙在鼓裏？」

正浩，就是這樣的一個人，疑神疑鬼不說，平日相處也老是要玉芳聽他話，就算玉芳表達自己的想法，正浩還是不當一回事。因此，當玉芳參加了十年一次的高中同學會後，就對體貼、有風度的漢宇產生好感。而漢宇在高中時本來就暗戀玉芳，聽到玉芳的感情生活不如意，就急於想將她從這個感情的火坑中救出來。

「不是這樣的，我父母根本不知道他……」玉芳還未說完，正浩就打斷她的話。

「沒關係，做人要有風度，我知道妳是一時鬼迷心竅，妳現在就去跟那個人說，叫他不要再來找妳，我不會計較的。」正浩一副自以為是的樣子，殊不知玉芳這次是下定決心要離開他，竟然還指揮起玉芳該怎麼做。

「不，我想，我們還是不要再來往了。」玉芳對著話筒堅定說出這句早就隱藏在心中許久的話。

「妳說什麼？」正浩做夢也想不到，他會被女友甩了，而且，原因還是第三者，這不就擺明了他不如那個男人？

不，他嚥不下這口氣！就在正浩即將提高聲音對玉芳開罵時，突然看到鄰座的麥可捎來一種奇怪的眼光，正浩這才意識到自己身處辦公室，而同事們根本就沒人知道他和玉芳的戀情。正浩又恨又妒又懣，最後，只能以低八度的聲音，沈沈地丟下一句：「許玉芳，妳給我聽著，今天妳跟我分手，我──絕──對──不──會──原──諒──妳！」

♥♥♥♥♥♥♥♥♥♥

我們總希望自己能夠讓人人稱讚、人人喜歡，可是，人的想法是會隨著年齡、環境、心情而改變的，不妨回想看看，你是否曾經覺得某人很好，後來卻又因為某種緣故而覺得看錯人了？

記得小學時，班上有一個女孩子長得漂亮、功課好、又沒什麼脾氣，尤其那一頭烏溜溜的長髮更是讓人欣羨，大家都希望能和她成為手帕交。這樣一位小女生，看來似乎沒什麼缺點，但事情真是如此嗎？哦，恐怕不是的。有一次，我和她被老師派到校外買水彩、厚紙板等材料，由於時間很寬鬆，採買完畢後，我們依然留在文具店裏東逛西逛。正當我將眼光放在製作精美的「紙娃娃」上時，突然傳來一陣喧嘩，好像發生什麼不得了的事情似的。

我看向店中央的走道，哇，已圍了一圈人，到底是什麼事啊？由於好奇，我也想拉同學一道看熱鬧，偏偏四下無人，看不見同學的蹤影，她，八成已經跑去圍觀了。快步走向店中央，老闆娘那高八度的音調活像拉壞的二胡似的……

「我明明親眼看到，妳還不承認！」

「沒有，我真的沒有！」一個細細的、小小的聲音囁嚅著說。

這熟悉的聲音……不就是……

「沒有？」老闆娘將手伸進同學的口袋裏，拿出一個全新的橡皮擦，惡狠狠地說：「沒有，那這是什麼？」

在人贓俱獲的情形下，老闆娘堅持要將同學送到警察局，後來見到同學一把眼淚、一把鼻涕地可憐模樣，加上圍觀人群的同情心使然，同學終究得以脱身。這個故事雖然發生在十多年前，但是，當時的情景一直深印我腦海中，也讓我著實體會到，人沒有絕對的完美。就因為人太善變，有些原本應該是很有把握的事，也會令你始料未及。人心總是難以捉摸，你擁有一顆善良、寬容的心，並不代表別人也是；你覺得自己有點殘酷，別人說不定認為那沒什麼。

被人說「我不會原諒你」時，心情通常都不會好到那裏去，總感覺自己似乎很對不起人家，但是再冷靜想想，你真的犯了什麼殺人、搶劫、強盜的滔天大罪嗎？沒有，對不對。「我不會原諒你」這句話原本就不太中聽，不過，會說出這句話的人，要不是在氣頭上，就是他本身的個性比較烈，也或者，這只是每個人對事情的用字遣詞不一樣罷了。

態度決定高度

別人不原諒你，你可別連帶的不原諒自己！

妳的不是他的，他的也不會是妳的

人，都是一個完整的個體，沒有誰是誰的，如果一味地想要用這種論調來牽制對方，終究會是一場不愉快的戀情！

「小蕾，我真的好愛妳，妳知道嗎，我連到自助餐點菜時，都會想著妳喜歡吃什麼？」多感人的話，是不？可，小蕾聽著聽著，竟覺得手腳酸麻麻地。掛斷電話，她舉起手臂一瞧：啊，起雞皮疙瘩啦！

怎麼會這樣？

事情恐怕得從去年小蕾的生日談起。

小蕾生長在一個管教非常嚴格的家庭，每當有人要替她介紹男友時，她就會搬出一句座右銘：「媽媽規定我二十歲才可以交男朋友。」於是，二十歲生日這一天，小蕾的一千好友早已為她準備了一個PARTY，並命令自己的男友必須帶優秀男性一同參加。說是生日會，看起來倒頗像相親節目。小蕾就是在這次的生日上，認識了她的初戀情人，明良。

明良服務於一家知名的電腦公司，外表有些像型男的明星的他，當然不乏女性青睞，偏偏他就是太挑了，一直沒有交到女朋友。當明良看到小蕾的剎那，就深深地被她的巧笑倩兮所著迷，認定蕾就是他夢寐以求的維納斯，整晚纏著她不放，害得其他對小蕾有意的男生，根本連和小蕾談話的機會都沒有，只能坐在一旁乾瞪眼。

從未談過戀愛的小蕾，當然也可以感受到明良的用意，而明良的博學多聞與一雙熱情的雙眼，令小蕾相當有好感，加上朋友又在一旁敲著邊鼓，二十歲的小蕾，就這樣掉入了愛的漩渦。交往之初，明良對小蕾簡直是呵護極致，看到小蕾皺起眉頭，馬上問她那裏不舒服；小小打個噴嚏，就急著帶她上診所；小蕾今天才說某唱片似乎蠻好聽的，明天唱片已經出現在她手上。

更令全天下女人羨慕的是，明良只要和小蕾見面，一定不忘稱讚她，而且也不吝對小蕾說「我愛妳」這類的話。這麼好的男人，似乎打著燈籠都找不到，可是，小蕾卻愈來愈苦惱。

為什麼呢？因為，明良開始介入小蕾的生活。

「小蕾，以後出門最好穿長裙或長褲，免得街上色狼看了流口水。」

「妳的上衣穿那麼暴露，是要勾引誰啊？」

「跟別人說話不需要那麼『囡』，聽了亂噁心的！」

「妳剛剛是不是偷看別的男人？別以為我不知道！」

漸漸地，小蕾覺得自己愈來愈不像原本的她，更糟糕的是，她不但對於明良的「我愛妳」和每日必打二次問候電話的行動沒有感覺，反而害怕聽到他說這些親膩的話。尤其是那句：「妳是我的！」

♥♥♥♥♥♥♥♥♥♥

剛墜入愛河中的戀人，難免會一天到晚想膩在一起，熱戀嘛，對方怎麼看都是完美無瑕，感情比較豐富剛強烈的，甚至因為太愛對方而希望將對方佔為己有，進而產生了「你（妳）是我的」的想法。這樣的想法，說穿了，就是佔有慾。

小如就是一個例子。小如和阿雄是同班同學，原本就對彼此有好感，在一次情人節阿雄向小如表白後，兩人就名正言順地成為男女朋友。也就是這一個星期，小如的感情生活就像是洗三溫暖般精彩！話說星期五這天，小如在課堂上就已經開始想著隔天該如何過兩人世界。小如是一個按部就班、凡事先計劃的女孩子，她在紙上預先擬寫一番後，終於訂好了出遊計劃表：

「早上八點，阿雄從家中出發，九點到達小如家。九點半至漢堡王吃早餐，然後上陽明山。十一點到達大屯山自然公園，十二點半至竹子湖午餐。兩點到誠品看書，六點到小酒館吃晚餐，九點回家。」

誰知，事情完全不是這麼一回事！早上十點，阿雄一通電話都沒打來，又氣又餓的小如只好於十一點時，在自個兒家中吃早午餐。下午三點，仍然不見阿雄，守在電話旁等待的小如，還被妹妹嘲笑像隻思春的貓。晚上，小如愈想愈委屈，不是說戀愛都是很甜蜜的嗎？怎麼她跟別人不一樣？

就在小如流下滾燙淚水的同時，電話鈴聲響起。

「小如嗎？我是阿雄！」

「哦！有什麼事嗎？」小如的聲音像吃了百噸火藥般，死氣沈沈的。

「沒事……沒事不能打來嗎？」阿雄察覺茅頭似乎不對，但也丈二摸不著頭腦。

「那你為什麼不早打，人家……人家等了你一整天的電話，嗚……」小如淚如決堤，一邊罵一邊哭。

「哎呀！」阿雄在電話那頭大叫一聲說：「我忘記告訴妳了，我每個星期六都得固定參加棒球隊，打完球就會和球友們一同吃飯、聊天！」

♥♥♥♥♥♥♥♥♥♥

在愛情的世界中，佔有慾是免不了的，可是，當一個人覺得自己付出，也期望對方能回報時，這種帶有目的的愛情，就會讓對方不舒服，而當你的佔有慾強到對方無法承受時，感情必然會出現問題。

感情，就像是一間房子，而戀愛中的男女就如同樑柱般，雖然共同支撐這個屋子，但也不能黏在一起，否則，房子就會垮下來。人，都是一個完整的個體，沒有誰是誰的，如果一味地想要用這種論調來牽制對方，終究會是一場不愉快的戀情！

何不放寬心去面對愛情，學會如何愛自己和愛對方，生活才能更快樂。

態度決定高度

愛情，是要用來使自己快樂的，
而不是拿來令自己痛苦的！

誰對誰好，誰知道

為了讓我們生活維持彩色，請重拾自我，每天都要給自己一段屬於你自己的時間。

「我對他這麼好，他怎麼可以這樣？」咖啡廳裏，李芸憤憤不平地說。

李芸和王俊在研究所求學時就已經認識，當時，李芸正與前男友分隔兩地、處於感情危險期，認識王俊後，很快地就被他的幽默風趣所吸引，而李芸的前男友雖不知道有王俊的存在，倒也很有風度，沒有跟李芸囉嗦什麼，就放她單飛。

與王俊交往五年，即使兩人都已出社會，李芸仍然覺得自己佔下風。以前，是男友等她等到半夜，現在，是她等王俊的消息。以前，是男友買禮物送她，現在，是她在為他添購行頭。以前，是男友會去訂情人節晚餐；現在，王俊不但不過情人節，連她的生日都忘得一乾二淨。

以前，什麼都是在補習班教書的男友出錢；現在，王俊「摳」的像什麼似的。王俊沒錢嗎？倒也不是！否則，在公司擔任小主管的他，怎麼肯花兩萬塊請同事們去吃王品台塑牛排？這麼說，王俊是不肯把錢花在她身上囉？

聽來不無可能，誰叫李芸家是開公司的，說不定王俊吃定她比他有錢呢！雖然李芸對王俊的不平等對待有著諸多不滿，可是，不知怎麼地，她就是無法不喜歡他。每當我問起李芸，倆人打算什麼時候結婚時，李芸總是搖搖頭，因為王俊從沒提過。

「那，妳想不想結婚呢？」我問李芸。

「我是想啊，都已經三十歲了……」

「那就沒問題了，妳找機會暗示他嘛！」

「不行啦，我是女生耶，那有女孩子主動跟男生求婚的。」

「如果妳不說，他也不提，那妳怎麼辦？」

李芸聳肩，一臉「莫宰樣」的表情，她說，如果她先提出結婚的想法，那她就輸了。

就在李芸三十歲這年，王俊終於開口向李芸求婚了。聽到理芸快樂地向我描繪提親的情況，我也很為她高興。兩天後，李芸約我出來，說要告訴我一件很「機車」的事。咖啡廳內，李芸以嗚咽的聲音道出：「王俊的公司想派他到歐洲去。」哇，這條消息還真勁爆！

「那，王俊怎麼說？」

「他說，這是一個好機會，他非去不可！」

「可是，你們的婚禮怎麼辦？」

「我也這樣問他，他竟然說，如果我不讓他去，那就不要結了……他這一去就是兩年……」李芸累積的不滿情緒終於崩潰，她邊流淚邊喊：「我對他這麼好，他怎麼可以這樣？」

♥♥♥♥♥♥♥♥♥♥

親愛的讀者，如果妳是故事中的女主角小芸，妳會怎麼做？是選擇原訂計劃結婚，過著新婚就不見老公的日子？還是重新審視這場戀愛，先不結婚，等到兩年後再說？或者乾脆和男方分手，另闢新局面？

故事中，小芸犯了一個很大的錯誤：明知道男方對她不是那麼好，可是她卻依然將全部重心放在他身上。於是，當男生以事業為重時，自然會爆發出「我對他這麼好，他怎麼可以」的情緒，覺得很不甘心、很委屈。

在我們看來，小芸真的對王俊很好，可是，王俊感覺到了嗎？或許正因為小芸一直事事為他，他早已習慣而麻痺了，所以根本沒體會到小芸的好，因此很快就反應出「婚就不要結了」之類的話。

現在，請好好想想，你是否也對另一半太好，好到忘了自己呢？

如果答案為Ｙｅｓ，那麼請注意，對「阿娜答」過度好的人，很可能會失去自我，對方笑、你就笑；對方心情不好、你也跟著低潮，一旦對方出軌了，很難避免「情緒大崩潰」的境界，不是變得大吃大喝、就是厭食；不是縱慾、就是憂鬱，人生，就變成了黑白的！

為了讓我們的生活維持彩色，請重拾自我，做些一個人就可以做的事，或許單獨去看場電影、或許坐公車到海邊吹風、或許是順手在紙上塗鴉，總之，每天都要給自己一段屬於你自己的時間。

然後，你會發現，生活，原來可以這麼的快樂！

態度決定高度

對別人好，對自己要更好！
否則守護神想給你好運，也給不了！

自認「我不配」的人，將會與好運絕緣

如果連表達的勇氣都沒有，就在那兒閉門造車，找一堆看起來似乎有理的怪道理，說穿了，根本是對自己沒信心。

「我想請問一號先生，您覺得自己準備好要結婚了嗎？」

「當然，目前我車子、房子都有，銀行存款也過得去，每個月薪水還算不錯，現在，就缺一個老婆！」

一號先生滔滔不絕地說著，臉上還不自覺地露出得意的笑容，卻沒發現身旁幾位男士的臉龐，已經悄悄浮上烏青、黯然的表情。

在交友節目中，類似上述的對話常常出現，總讓人覺得，男人若沒有物質條件，是不是就結不了婚？而女生們挑對象，真的都那麼重視麵包嗎？當然不是，可，偏有人老往不利己的那一面想。

阿傑就是這號人物。從小在眷村長大的阿傑，外表中等、身材高大，好動愛玩的他，一向是老師眼中的頭痛分子。不過，這學期，阿傑突然變了，雖然功課還是那麼差，卻不再和老師作對，對於他的形同二人，老師也研究不出所以然，總猜想，是自己對阿傑的好，感動了他吧！

才怪！阿傑會變，完全是因為林小晴。

林小晴是這學期轉來的新生，眼睛大大的、不多話，從她用的東西看來，她應該來自於經濟不錯的家庭。高中的青澀歲月，因為林小晴的出現，改變了阿傑的個性，學校，也變成他最喜歡的地方。林小晴的家位於大馬路旁，是那種「有人會在門口站崗」的別墅，當阿傑第一次送林小晴回家時，對這棟別墅，竟產生了冷颼颼的感覺！不，正確的說法是：心涼了一大半。他知道，和林小晴比起來，自己簡直是……唉！儘管如此，他還是無法掩飾對小晴的喜愛，而且，他發現，有好幾次，當他將眼光飄向林小晴時，林小晴也正望著他！該不會是自己眼睛「脱窗」吧？阿傑感覺他的心怦怦跳個不停，他，戀愛了！

好幾次，阿傑想對小晴表白，但卻又害怕失敗，他替自己找了許多理由，包括：

(1) 林小晴的家裏太有錢，不會看上他。

(2) 就算小晴也喜歡他，可是她的家人肯定會從中破壞，到時候不就比現在暗戀更傷心！

(3) 萬一她的家人答應，但他還要當兵一年，如果兵變了更慘！

(4)假設一路順風，小晴沒有兵變，但是他學歷不好、什麼都不會，怎麼能給小晴幸福的生活？

說穿了，阿傑就是覺得自己配不上小晴，因此，一直到畢業，他和林小晴之間，仍然維持著曖昧不明的情愫。

然後，阿傑就當兵去了！金門的軍旅生活枯躁無味，在無法常回台灣、電話又不能講太久的情況下，阿傑每隔不久，就會聽到某某人的女友兵變了，每當這類的消息傳出，他就會安慰自己，慶幸當初沒有向小晴表白。

然而，小晴並沒有忘了他。聖誕節前夕，小晴寫了一封信給他，信上提到她即將和相親對象訂婚的消息。接到這封信，阿傑感到心如絞痛，他才知道，自己還是這麼在乎她。當晚，他撥了電話，是小晴接的。

「阿傑，你收到我的信了？」

「嗯……」阿傑欲言又止。

小晴在電話那頭描述著未婚夫的種種，阿傑聽了，差點兒沒昏倒。

「他的條件並不怎麼好，這樣如何養活妳？」阿傑的聲音，充滿了妒嫉。

「我爸說，只要他老實地幫我們家公司管理業務，就可以了。」

啊，這樣一個「・ㄚㄙㄚㄅㄨ・ㄌㄨ」的男人，怎麼配得上小晴！掛上電話，阿傑跑到海邊狂吼，他懊惱不已。可惜的是，來不及了！

♥♥♥♥♥♥♥♥♥♥

「門當戶對」的問題，一直都存在著，可是，也並非每個家庭都是如此。

何況，人各有志，你怎麼知道他最在意的是什麼？愛情不是用來想的，而是談了以後才知道，如果連表達的勇氣都沒有，就在那兒閉門造車，找一堆看起來似乎有理的怪道理，說穿了，根本固定對自己沒信心。

一個沒信心的人，看起來就會帶「衰」，連小狗都會跑來你腳上撒尿，這樣，當然不會招來好運囉！如果，你現在正有喜歡的人，卻又礙於種種「我不配」的因素而不敢表白，請快點拿出勇氣吧！戀愛如果欠缺勇氣，就不叫做戀愛了（這裏的勇氣，可不是叫你私奔或自殺喔。）

態度決定高度

配不配也要交往了才知道ㄋㄟ，
不要輕易地把機會關在門外！

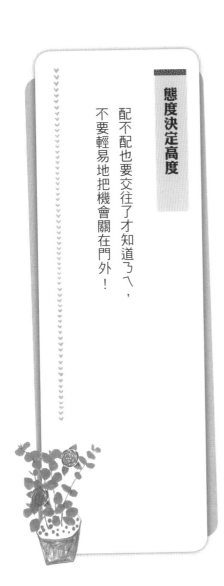

別擔心、少自憐

我們，當然也要自我疼惜，但這絕不是過度自憐。

嘟——嘟————嘟——嘟———您撥的電話現在收不到訊號……。王小芳在家中重覆這樣的動作已經不下數十次，然而，對方還是沒有回應。於是，王小芳換撥另一個號碼。

「妳睡了嗎？」

「還好啦！」我看了看時鐘，嗯，不算太晚。

「他還沒回來耶，怎麼辦，我好擔心啊！」王小芳話匣子一開就停不了。

二十五歲的王芳目前和男友亞東同居，由於職務關係，亞東有時會比較晚回家。此時，我就變成了小芳的電話傾聽者。

「他以前頂多最晚十點半左右就會回來，現在都已經十一點多了，他還沒到家，不知道怎麼了？」

「今天是星期五，星期五晚上比較容易塞車，可能在路上塞著了。」

「怎麼會，上禮拜五，他還不是十點就到家。」

「那，大概是客戶找他聊天聊晚了，待會兒就回來。」

「真的是這樣嗎？他心中到底有沒有我？人家一個人在這裏很害怕，他還在外面花天酒地……」

唉，原本是想要安慰小芳，希望她聽到「待會兒就回來」這幾個字能夠放心，沒想到，她竟將重點擺在「客戶找他聊天聊晚了」這句話上，萬一小芳因此向亞東興師問罪，那我不就慘啦！

「別亂想了，亞東不是這種人。」我急忙替他辯白。

「我也覺得他不會，可是他的行動電話都不通，難道？」小芳驚呼。

「難道什麼？」

「他會不會出車禍？」

呸呸呸，怎麼有人詛咒自己的男友？

「小芳，妳太過神經質了啦，亞東開車一向很小心，妳又不是不知道？」

「我知道啊，可是，如果萬一他是被喝醉酒的人，從後面追撞上來，那豈不是……」

小芳想著各種悲劇的情節，獨自在電話那一頭擔心，就這樣一發不可收拾。突然，電鈴聲響起。萬歲，亞東回來了！掛上電話，我突然覺得，我好像比小芳還高興，因為，我終於可以倒頭大睡、夢周公去啦！

♥♥♥♥♥♥♥♥♥♥

關心自己所愛，是人之常情。可是，如果像小芳一樣，從關心到擔心，到非常擔心，甚至老是想著一些不好的事情，那麼，就是有問題。因為，小芳放了太多心思在自己身上，只注意到自己的聯想，根本不切實際。無獨有偶，除了過度擔心之外，「自憐」也是如此。你的身邊，一定有這種人：

下雨天沒帶傘，被雨淋是理所當然，卻覺得自己可憐。男友跟她發發脾氣，就覺得人家不要她了。每天都是一副「卿須憐我」的哀怨表情。反正，這種人只要遇到不如意的事，就會嘆口氣，然後幽幽地說：「怎麼那麼可憐！」

我們，當然要懂得自我疼惜，但這絕不是過度自憐。過度擔心和自憐都不正常，但幸運的是，它不難改善。只要一帖密方，而且天天服用，就能讓人跳出這個漩渦。那就是，替別人做一些事！比如，小芳可以利用等待的時間，替亞東煮一碗麵。至於自憐的人呢？請將注意力轉移，多讚美別人吧！

態度決定高度

從今當起個愛的童子軍，對情人日行一善，會發現心情更快樂，日子也更輕鬆。

失去的，就當做是拋棄吧！

愛人移情別戀的痛，是很難馬上釋懷的，不過，失戀可不是失去，因為這個人仍然存在，只是，他不會再度出現在你感情生活中而已。

「失去了他，我怎麼活……」光天化日下，綠妹在中正紀念堂廣場上放聲大哭。

「怎麼活？只要呼吸就可以了啊！」我說。

「你怎麼這樣，」綠妹哭笑不得，搥著我的肩膀說：「我又不是在問你腦筋急轉彎。」

綠妹，長得圓圓的、可可愛愛的，雖然不屬於豔光不四射，卻是很有人緣的女孩兒。尤其當她笑起來時，甜甜的酒渦和兩顆小虎牙，常讓人有種被瞬間電到的感覺。陳明，正是和綠妹一見鍾情的那位幸運兒。說起他們倆認識的過程，還頗戲劇化的。

話說某天，綠妹同往常坐上公車，準備到學校上課。一上車，司機就快速發動，害得最後上車的綠妹落個不穩，厚跟鞋底就這麼「啪」的一聲，往某位不明人士的腳踩下去，還踩傷了他的腳。這個人就是陳明。由於兩人的學校相隔不遠，又有一「腳」之緣，陳明和綠妹就這樣交往了起來，陳明當兵時綠妹已經在某國中教書且當然不乏有人追求，可是，死心眼的綠妹依舊忠於原味，連正眼都沒瞧過人家。偏偏，陳明就不是這麼專情。

出社會後，陳明還會抽空和綠妹共度晚餐，漸漸地，陳明就以工作很忙做藉口「我才進公司，一定要留下來加班才行」、「老闆聽了我的企劃案大綱，覺得很有可為，我必須趕快將它完成」。平常沒時間，那假日總可以約會了吧！「不行啦，這個星期天我還是得加班。」陳明如此說。起初，綠妹還很天真地相信他說的話，替他能受到老闆賞識感到高興，日子一久，就覺得事有蹊蹺——尤其當她聽到某人的男友也在這家公司上班，卻沒有那麼忙的時候。

綠妹也會問過陳明是否另有對象，陳明卻不做正面回答，只是吱唔帶過。為了一探真相，綠妹趁某天下課後，到陳明辦公大樓對面的星巴克喝咖啡，這裏有大片的透明玻璃窗，可以很清楚地看到陳明的動向。六點多一刻，陳明出現在大樓口。

看到他單身一人，綠妹急得跑出咖啡廳，和對面的他招手。此時，一輛賓士輪車駛到陳明面前，陳明就這樣一屁股坐進車裏，全然不知綠妹的存在。看著開車的人，綠妹，明白了。陳明他愛上了公司的同事；而陳明的老闆也的確很賞識他，賞識到要把目前在自家公司上班的女兒許配給陳明。癡情的綠妹，就這樣失去了陳明。

♥♥♥♥♥♥♥♥♥♥

一件事情都有兩面，在失去的同時，請反過來想想，你得到了什麼？失去了甲，才會有乙的出現；失去了丙，才可能再邂逅丁。當然，愛人移情別戀的痛，是很難馬上釋懷的，不過，失戀可不是失去，因為這個人仍然存在，只是，他不會出現在你感情生活中而已。換個角度想，其實，不正也表示，是你將他從你的生活中拋棄出去的嗎？

下次，當心愛的人跟別人時，不妨流著眼淚微笑的說：「XXX，從今以後，你—被—我—拋—棄—了，別—想—我—會—再—吃—回—頭—草！」

態度決定高度

每天起床時，就對自己大喊：

「壞的、爛的、倒楣的通通變不見！」

CHAPTER 2

學習篇——從生活中學習快樂，大成功！

從生活中學習快樂，大成功！

最快樂的人，往往是那些最單純的人，
因為只有他們，才能真的懂得享受快樂！

我常常躺在長椅上，在我陷入沈思，或是覺得茫然時，
我看到它們內在的眼眸閃動著，那是一種受到祝福的孤獨，
霎時，我的心也滿是喜樂，我便與這水仙花迴旋共舞。
試著蒐藏微笑吧。
你會感到欣喜的。

華茲華斯（Wordsworth）

任何事不管怎麼看都有兩面。

誰說，壞事一定就壞到底？！

「世上竟然有這種人，她難道不會覺得不好意思嗎？」小玲苦惱地說。

小玲，一個心地善良的雙魚座女子，她的藝術感很好，又極富巧思，設計的衣服常讓人愛不釋手。曾經在法國唸過服裝設計的小玲，法語說的呱呱叫，而巴黎有那幾家是很ㄅ一ㄤ的服裝店，她則如數家珍。開一家服飾店是小玲的夢想，在她的規劃裏，服飾店除了賣法國貨之外，也會陳列她設計的衣服，並提供禮服訂做的服務。終於，小玲得以一圓美夢。服飾店才開張沒幾天，出現了一位女客。她穿著時髦的衣服，來到店裏，就以一副老鳥的姿態東翻翻、西看看，小玲精心挑選的項鍊、皮包都被她摸過。

看起來像是會買很多東西的客戶唷！小玲心中暗想。結果，這名女客並沒有試穿任何一件，反而大剌剌地坐在櫃台前，與小玲攀談起來了。聊著聊著，小玲才知道，眼前這位客戶是同行，她在仁愛路上開了一家服裝店，由於生意很好，目前才剛開分店，而且，分店就在小玲的前一條巷子。聽到這裏，小玲突然感到迷惑，不知道她來的目的。是勘察敵情？是炫耀？還是來放下馬威？或許是看出小玲的想法，客人話鋒一轉，指著架上的一套衣服說道：

「這是妳自己做的嗎？」

「是啊！」

「很有味道呢……不如這樣吧，我跟妳訂十套，妳意下如何？」

聽到這裏，小玲更不懂啦，她們倆不是同行嗎，而且又相距甚近，若賣同樣的貨色，還有什麼看頭？

「小玲，妳別誤會，我是想將這些衣服放在仁愛路的本店裏賣，絕不會影響妳的行情，而且……」她神秘地笑著說：「萬事起頭難，店剛剛開難免生意心比較難做，我也嚐過這種滋味！」

看到小玲依然猶豫，對方拍拍她的手背，很阿沙力的說：「好啦，三天後，我來拿衣服。」事情，就這樣敲定。三天來，小玲也很努力的趕工，真的做出十套衣服。可是，第四天、第五天，仍然不見對方蹤影。按捺不住的小玲，終於撥了電話過去。

「對不起喔，我這幾天比較忙，所以沒過去，過兩天我再去找妳。」

四天後，小玲第二次撥出這個號碼，是電話答錄機。她留了訊息，又等了三天。嘟——嘟——，這次，前來接電話的是個男人，小玲沒多說什麼，只要他轉告：「我知道她不會來拿衣服，我也不打算賣給她了！」

掛斷電話，看著十套全新的服裝，小玲難過的哭了，她難過，不是因為熬夜縫製的累，而是對人性的失望，想當初，她因為信任對方，並沒有收人家的訂金，沒想到對方卻如此朦騙她……。那個女人真的很沒良心，是吧！

♥♥♥♥♥♥♥♥♥♥

無論小玲再怎麼懊惱，店還是天天要開，衣服還是得照賣。不知道是不是上天的保佑，自從這件事發生後，小玲的營業額幾乎天天都破萬。而且，她做的衣服，也得到非常不錯的迴響。她興高采烈地告訴我，每天拜土地公公真的有效哩！

「話是沒錯，可是……」

我告訴小玲，自從她開店後，就沒再親手做過一件衣服，若非發生這次事件，說不定到現在，她還在「不事生產」呢！

「妳的意思是說，那個女人雖然害了我，卻也幫了我。」

「不然，」我指指還未賣出的衣服說：「妳那有動力設計新衣？！」

任何一件事情，從不同的角度看，就會有不同的結果。比如像大地震之後，有些原本為了存不到錢買房子而苦惱的人，就會豁然開朗地決定不要買房子。也有人原先堅持「先有房子才能結婚」，因此心念一轉，改成「租房子就可以結婚」。

態度決定高度

被騙了嗎？頂多下次不要再上當就好了！

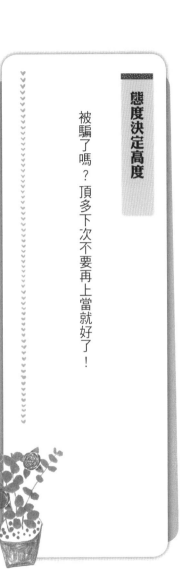

用「如果」來代替「應該」

就算是生你、養你的父母，也是不同的兩個人，
你不是他，他也不是你，思考方式有沒有交集點可就很難講。

星期六，王永主動告訴媽媽，他要替媽媽上街買菜。聽到兒子這麼窩心，王媽媽幾乎不敢相信，二十幾年來，這還是頭一遭。拿著媽媽列出的菜單，王永第一站來到魚攤。

「老闆，給我一斤蛤仔、鱈魚一片、吳郭魚一條。」

「少年仔，阮這裏只有鱈魚，其他的你要去別的攤子買。」老闆不等王永

回應，就以最快速度包起一片鱈魚。

「等一下，我又沒有說要買。」王永說。「什麼？你不買？」老闆的笑臉頓時成了橫眉豎眼：「不買也不早點兒說。」

「我才沒那麼笨，要買，我就在同一家買完這三樣東西，何必分開買。」王永心中如此盤算著。想不到，逛完所有的魚攤，他才發現，附近市場裏根本沒有一家攤子同時賣蛤仔、鱈魚和吳郭魚。

「搞什麼嘛！」王永抱怨：「賣魚的應該要什麼魚都賣，不然多麻煩！」

就這樣，王永花了兩個半小時，才將媽媽所列出來的東西買全。午餐後，全家守在電視機前看喜劇影集，趁著廣告時，王永心想：機會來了。

「媽，我想買一部機車！」

「買機車！你知不知道騎摩托車有多危險？」王永的媽一向疼孩子疼入心頭，她最反對小孩騎車。

「可是，我們班男生很多人都有車，也沒怎麼樣，有車方便嘛！」

「不行，這事沒得商量，我不答應。」王媽吃了秤砣鐵了心，說不行就是不行。

發現再怎麼「ㄌㄨ」也沒有用後，王永丟下一句話：「早上我那麼辛苦替妳買菜，還以為妳應該會……」

話未說完，王媽已經開始嚷嚷：「什麼，原來你是有目的的，我還在想你怎麼突然開竅了！」

母子倆就這樣鬧起來，最後，王永當然還是要不到他朝思暮想的摩托車。

♥♥♥♥♥♥♥♥♥♥

現代人的自我觀念比較強，也敢於表達自己的想法，因此，當我們聽到、看到某事時，就很難不以個人的角度來說：「他應該」、「他不應該」。比如，女友興高采烈地穿了一件迷你裙，你卻告訴她「妳看看，妳的腿又彎又短，實在不應該穿短裙，妳應該穿長一點、可以蓋住小腿的衣服。」比如，媽媽努力地做出四菜一湯，你卻說：「這菜太軟了、這飯煮得太硬，這魚應該用糖醋的……」

被人用這樣的口吻說話，你能接受嗎？就算嘴巴不說，心中一定也不爽，是吧！說真的，就算是生你、養你的父母，也是不同的兩個人，你不是他，他也不是你，思考方式有沒有交集點很難講，因此，當你遇到不平、不如意、不滿意的事情時，不妨先停止說人家「他應該如何如何」，而是想想自己有沒有別的方法可行，畢竟，改變自己總比改變別人容易一些。

假如，你平常已經習慣應該來、應該去的，而且，你真的也覺得對方實在有必要做點變動，那麼，請用如果來代替應該。比如：「小美，妳穿迷你裙雖然也不難看，但如果穿長裙，會更有美女般的氣質。」「這菜如果能夠再早一點拿起來，對身體比較好。」聽起來，是不是順耳多了呢？

如果懂得在語言上，學會以同理心及尊重的態度去面對別人，不僅讓別人感到愉悅，也同時柔化了彼此的關係！

態度決定高度

別管人家應不應該，先問自己要怎麼做吧！

果真專家說了就算？

專家說的話，往往和你希望的、喜歡的、習慣的相反。

「一百萬……我真的存了一百萬！」

十二月發薪水這天，剛下班的小方就急著利用提款機查帳，當他看到明細表的數字之後，興奮得不得了，因為，他，終於擠升百萬存款之列。

任職於某大公司總務的小方，沒什麼特別的背景，卻有一項現代人漸漸失去的美德——節儉。他不需要鞋櫃，因為，他的皮鞋只有兩雙，一雙晴天穿、一雙雨天用。他也不需要衣櫃，因為，他的衣服就那麼幾件，乾了穿、髒了洗。他沒有廚房，因為，他的三餐分別是便利商店買來的白吐司（或饅頭）、公司附近的菜飯便當、家對面的陽春麵攤。為了省錢，他住在離公司頗遠、靠近政大的一個公寓裏，這個公寓每層樓都被隔成十多間雅房，房租五千不到，比起市區而言，幾乎少了三分之一。

小方就這樣以幾年不到的時間，存了一百萬。

銀行裏，小方請櫃員辦理定存，突然聽到排在他身後的陌生人，正對著行動電話大講特講，似乎熱烈地討論著什麼。他豎起耳朵話聽。哇！不得了！這個人在半年前買了基金，半年後，原本的一百萬竟變成兩百萬！

「那我的一百萬不就……」回到家中，小方左思右想，還真是不甘心，自己省得半死才存到的錢，人家半年就有了。小方不自覺地盯著身後的陌生人，講完行動的他，竟然主動趨前遞出名片：「您好，有什麼我可以效勞的嗎？」

小方瞄了名片上的頭銜：資深顧問：陳ＸＸ，似乎很專業。

「我想要瞭解基金。」

「基金，那您問我可就對了，上半年我有一位客戶買○○基金，現在已經賺了一半以上！」、「還有一位企業家，聽了我的建議買了五百萬的基金，也賺了一倍！」

「真的？」

「那當然，我研究基金已經十幾年了，我們同事都說我是基金專家。」

陳顧問愈說愈得意，小方也愈聽愈興奮，隔天就將一百萬定存全部解約拿來買基金，陳顧問叫他買什麼，他就買什麼。半年後某一天，小方的舊識小吳約他上貓空喝茶，聊著聊著，就聊到了財務規劃。

「這幾個月股市不穩，我買的股票都跌了，損失慘重啊！」

聽到小吳叫苦連天，小方在安慰之餘，不知怎麼地有點幸災樂禍，竟脫口而出：「投資要很小心，像我，就認識一位專業顧問，我還在他的規劃下買了一百萬基金。」

「什麼？」小吳大叫，抓著小方問：「你什麼時候買的？」

「大概半年前吧！」

「一百萬耶，你不心疼嗎？」

「心疼？怎麼會，聽說半年就會賺一半到一倍。」小方得意地說。

「小方……你……該不會不知道最近很多基金也跌得很慘這件事吧！」

「真的嗎？」小方看了看小吳的表情，開始察覺事情大條了。

隔天，小方打電話到公司找陳顧問，一問才知道他已經辭職了。接電話的是一位小姐，她告訴小方，小方的基金淨值目前已經跌到三十萬。

「你們這是什麼投資公司？不是說都會賺的嗎？」小方差點兒沒摔電話。

「方先生，您可能誤會了。」話筒那頭傳來這樣的聲音。

掛上電話，小方覺得快氣炸了，順手打開報紙，一個募集基金的廣告大大地出現在眼前。

小方看了看內容，在廣告的最後，發現幾行小得不能再小的文字，內容大概是這樣子的：本投信公司不負責本基金之盈虧，也無法保證最低收益……

♥♥♥♥♥♥♥♥♥♥

不知您有沒有發現一個情形：世界上的專家愈來愈多。而且，專家說的話，往往和你希望的、喜歡的、習慣的相反。

記得有個口香糖的廣告說：「嚼X百下，就可以中和口中的酸鹼值，預防蛀牙。」

你，試過嗎？我就曾經發揮實驗的精神這麼做。可是，你知道，口香糖在第二十下時，就沒什麼味道了。

嚼到第五十下時，已經覺得口中苦苦澀澀的。於是，我又放了一片在口中。好不容易嚼到第一百二十下，嘴巴就酸得不得了。X百下？饒了我吧！

我舉這個例子，並不是要攻訐這家口香糖（事實上，我還是它的愛用者），而是告訴一些迷信專家的人，如果你為了專家說什麼、就去做什麼，而搞得自己又累又狼狽，會不會覺得很對不起自己？

人生，應該要快快樂樂的，請尊重自己的感覺吧！

態度決定高度

雖然要詢問專家，但也別小看自己。

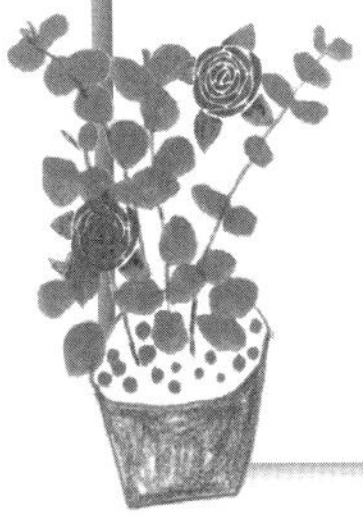

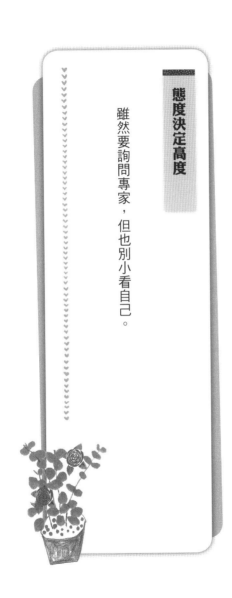

把不愉快的經驗當作學習的機會

小華最後選了那位大家比較不看好、長相憨厚，說話口吃又臉紅的男主角。

「老師，垃圾明明就在你面前，你怎麼不自己撿？」

這是發生在李強身上的故事。

從小到大，李強就是位品學兼優的學生，他黑白分明、重情理、仗義助人的個性，常常保護弱小同學不受到欺負，熱心又聰明的他也因此成為班長的不二人選，更是老師最喜愛的模範生。

國中的某個早自習，當記錄整潔的糾察開始執行任務時，李強突然看到老師腳下有一團紙屑。這麼大團的紙屑若是被糾察看見了，肯定扣分，這麼一來，別說得到最佳整潔獎了，說不定還拿個最差整潔班級。

眼看糾察就要走進班級內，李強正納悶著老師怎麼還不將他的紙屑撿起來時，老師突然開口了：「吳ＸＸ」老師努努嘴說：「這裏有一團垃圾。」聽到老師這麼說，坐在第一排的吳ＸＸ很識相地跑到老師腳跟前，快速將垃圾撿起來。一切的一切，李強都看在眼裏，心中卻很不以為然。

於是，他在週記上寫著斗大幾個字：老師，垃圾明明就在你面前，你怎麼不自己撿？原本，李強以為老師會有所慚愧，但是他錯了。發回來的週記上，明白出現幾個紅字：你—到—底—懂—不—懂—得—尊—師—重—道？

接著，老師在班會上宣佈從今起，班長和衛生股長互調。

老師這麼做，有什麼目的嗎？有的，他的目的就是教教這個不尊師重道的學生李強。

此後，只要李強的班級沒有得到整潔獎，李強就會被點名問話，不然就是挨一頓冷嘲熱諷。雖然班上同學都知道這是怎麼一回事，卻沒有人敢站出來為李強抱不平。「這就是我在大家面前，總是不想話的原因。」現年二十五歲的李強說。

♥♥♥♥♥♥♥♥♥♥

生命中絕對會有些令你刻骨銘心的事情，有些很愉快，有的則很憂鬱；有的讓人一想再想，有的則恨不得它立從腦中的記憶體消失。

不愉快的經驗對每個人的影響各不同，今天如果你是李強，會不會像他一樣採取消極做法，從此很少說話？還是管它的，飯照吃、話照說？

我想起了我的國中老師，她是位教學認真，對學生也很嚴格的老師。這位老師嚴格到什麼程度呢？達不到理想成績，一分打一下，不然就是青蛙跳。上課講話、不專心、黑板沒擦乾淨——罰跪。座位下有紙屑，撿起來就可以了嗎？錯！得先放在口中嚼一嚼才能拿去丟掉。可以說，我的國中生活裡，幾乎每天都脫離不了打、罵、罰、跪這幾個字。不止我，我的同學們也差不多！

有一天，當我打開電視時，突然看到有點熟悉的面孔。「這個人是我國中同學小華耶！」我告訴妹妹。當小華的個人資料亮在螢光幕上時，我才知道，她已是位實習老師，並且以教書為己志。

國中畢業後因為搬家而去去聯絡的小華出現在某個節目中，現場有兩位男主角對她緊追不捨、戰況激烈，一位長相不錯、說話有自信；另一位長相斯文，話說不到兩句就臉紅；看樣子，應該是前者比較有希望。

不久後，那位比較有希望的男生問小華：「妳贊不贊成適度的體罰學生？」「不，我絕對不贊成，因為在體罰時，老師或許不覺得有什麼，但是誰知道，那有沒有可能會對學生造成一輩子不好的記憶或影響？」小華說。

聽到小華如此說，我則暗自叫好。此時，主持人也反問男方，對體罰有什麼看法。「我個人認為，適度的體罰應該是無妨吧！」他回答。

另外一位男主角則表明他不贊成體罰。小華最後選了那位大家比較不看好、長相憨厚，而且說話口吃又臉紅的男主角。

這個配對結果，令全場嘩然，主持人也追問小華為什麼選他？小華那時答了什麼，我不記得，但我總覺得，應該是兩位男生對老實說的不同回答，讓小華做了這樣的選擇。

小華，將國中那段不愉快的經驗，做一種學習，她學習到不該體罰學生這件事。那麼你呢？你從生活中的不愉快經驗學到了什麼？是像李強那樣變成了不多話的憂鬱王子，還是像小華這樣化不愉快為學習，成為一位開朗又有愛心的人？

只要你願意，任何事都可能有不同的結局，端看心念如何轉，轉對方向，就能讓自己快樂，轉錯方向，壞運也離你不遠了！

態度決定高度

日子依然要過，
就將每一次不愉快的經驗當作學習的機會吧！

把握生命中每一件美好的事物

快樂，不需要賺大錢、不需要吃大餐或大採購才能得來，

快樂，其實在你我的心中。

現在，就請你拿出紙筆。然後想想，到目前為止，令你感到最美的回憶是什麼？

是那個沒帶傘的下雨天，躲在騎樓的你，突然看到媽媽出現！還是暗戀好久的他，在大樹下向妳表白！

或者和好友誤會冰釋，一同去吃飯的那個星期六！

你，想到了沒？

一天，我收到學妹小晴寄來的e-mail，信上提到她的師丈去世的消息。身為班代，小晴和老師相處的機會一向不少，此次師丈過世，學生輩中，就屬小晴陪著老師的時間最多。

小晴告訴我，老師和師丈結婚三十年，倆人的感情一直都很好，每年，他們總會選定某個國家深度旅遊。在今年的旅途中，師丈卻因急性肺炎去世，事情來得突然，剛開始，老師無法接受這個事實，慢慢地，當她領悟師丈真的不在人世後，好一陣子都不願說話。

直到最近一次，小晴去探望她時，她突然抓著小晴喃喃自語：「結婚幾十年了，從沒有注意到兩人在一起時的種種細節，現在他走了，我想回憶過去有那些美好的事，卻怎麼也想不起來了，怎麼辦？怎麼辦？」小晴告訴我，當她看到老師那種無奈又悲傷的表情時，突然覺得自己好無力。

因為，她什麼也幫不上忙……。

「我能想到的只是，我們要把握每一天美好的回憶，即使是空氣中飄來的花香也好！」小晴在信上留下這麼一段話。

♥♥♥♥♥♥♥♥♥♥

每天，我們都在過生活。但你可曾想過，你的生活當真那麼地一成不變嗎？即使是學生，也有成績起伏的時候，也有為有情困擾的時候。而熱戀中的情侶，雖然沉浸在甜甜蜜蜜的世界中，但是，也難免會有唇槍舌戰的時候。

煩惱時，人們通常容易察覺。然而，當你快樂時，你感受到了嗎？快樂，不需要賺大錢、不需要吃大餐或大採購才能得來，快樂，其實在你我的心中。

懂得感覺快樂的人，對於每一天、每一刻都會有不同的感受。如此，當你煩惱時，就能很快地從回憶中找到快樂的事情。有了快樂的回憶，煩惱，也就不那麼重要了。

就像小晴說的：「即使是空氣中飄來的花香也好！」

你，找到美好的、快樂的回憶了嗎？快點將它記錄下來吧！

態度決定高度

給旁人一個真心的微笑，
不但他能感受到你的關心，你也會感到很快樂！

目標不對，什麼都不管用

在完成目標的過程中，也別忽略別的事情，並隨時提醒自己享受這個過程。

「今天晚上，我一定要搞定……」

漫畫《猛子小姐的戀人》中，有一幕是這樣的：美女猛子正想念著好久不見的戀人，此時，坐在猛子身旁、以追到猛子為目標的同事嵯峨野卻不知道猛子已有戀人，還滿腦子想著上床這件事。很明顯地，嵯峨野先生就是放錯目標，因此，即使他再怎麼年少英俊、瀟洒幽默，他還是追不到猛子。

小陳是一位社會菜鳥，退伍後，他進入了一家「有底薪、有高獎金」的房屋仲介公司。憑著滿腔熱血，小陳每天騎著的摩托車，穿梭於大街小巷之間，積極地查訪是否有人想買屋、賣屋或換屋。這天晚上輪到小陳值班，店裏來了一對夫婦。倆人一坐下就表明想尋找附近重劃區的別墅，說是家裏原本就太小，現在又來了一個菲傭，房間根本不夠，因此動了換屋的念頭。

「那您現在住的房子要怎麼處理？」小陳問。

「我們打算賣掉，不過前提是，必須要先看到中意的才行。」

聽到對方如此說，小陳心中打了一個如意算盤：如果這對客戶委託他賣房子、買房子，那麼他不就一石二鳥，賺呆了！小陳熱情地招呼對方，並請客戶填寫資料表，對方表示怕搔擾，所以只留行動電話。隔天上午，小陳掩不住興奮的神情，告訴組長昨晚的事。

「聽起來很棒，不過還是要留意，這裏頭恐怕有詐！」組長說。

小陳那管得了這些，他過濾手上的資料，一一帶客戶看房子，其中不乏原屋主還在的Case。經過兩個月，客戶仍然對小陳介紹的不甚滿意，並表示暫時不想看房子了，這個消息令小陳失望不已，沒想到鴨子還沒煮熟就飛了。「我將全部精神放在他們身上，連原本的客戶都忽略了，沒想到這樣他們還是不滿意！」小陳無奈地說。

有一天，當小陳經過別墅區時，發現其中一戶換了裝潢。這表示，買賣成交。小陳正好奇地探望時，陽台上走出了兩個人。咦，那不就是他的那對夫妻檔客戶嗎？一瞬間，小陳明白了。這對夫妻根本是利用他的資源，對原屋主進行滲透，如此一來，他們就可以私下交易，不必給小陳佣金啦！

「我以為這是個大ㄎㄚ，沒想到竟被耍了！」放錯目標的小陳，即使再怎麼熱心也沒用。

目標是動力的基礎，有了目標，才知道該如何做、怎麼做。問題是，你的目標對不對？合不合理？錯誤的目標往往有兩種，一是異想天開，根本達不到的；一是達到了才發現那不是你要的。不妨請旁人聽聽你的目標，給你建議，在完成目標的過程中，也別忽略別的事情，並隨時提醒自己享受這個過程，否則，一旦目標沒有完成，生活將失去重心，這樣當然就快樂不起來囉！

態度決定高度

從容易做的事情開始，享受完成它的快樂吧！

等待不如馬上辦

「等待」是一個很奇妙的詞彙，有的人因為懂得耐住性子等待，而出現事緩則圓的好結果，

有的人則因為等待過久，而產生不滿意的結局。

「我給你三條路走，一是好好地在公司幫忙，二是外出找工作，三是給你五十萬，你自己去開創事業。」今晚，林家的氣氛顯得火藥味濃厚，在與兒子順銘溝通無效後，林總下了這樣的命令。

林總是一位知名的企業家，雖然他只有國中學歷，卻不因此自暴自棄，對貿易深感興趣的他，退伍後就籌錢與老婆開了一家小公司，就在生意愈做愈大的同時，兩個兒子也相繼誕生。

林家老大外表忠厚老實，乖巧聽話，除了功課較差之外，沒什麼令人擔心的事。至於老二順銘，就不是這麼一回事了。

或許是由於老二出世時，林家的經濟狀況已經很不錯，順銘從小就倍受寵愛，吃的用的都是最好的，即使偶爾做錯事，只要他撒撒嬌，林母就心軟，有時甚至還幫他欺騙爸爸。順銘出手大方的態度，讓他結交了不少酒肉朋友，被矇在鼓裏的林父，還是接到銀行通知，才知道順銘將信用卡刷爆。

為了讓兒子離開這群小混混，林父苦心將順銘送到國外就讀，沒想到，順銘卻依然翹課、花錢，還讓一個女孩子墮了胎。糟糕的是，順銘對這些作為，一點也沒有反省之意，反而透過電話，要林母多匯些錢過去。林父一直以為國外的生活會讓順銘變懂事，誰知有一天，他接到老師打來的國際電話，說是順銘酒醉駕車被抓。

痛心的林父在處理了兒子的事情後，便將順銘帶回台灣，他決定要找一天好好地和順銘談談。「就在晚餐後好了」林父想。雖然林父有心，但事情就是沒那麼順利。

第一天，林父因為應酬，無法回家吃晚餐。

第二天，順銘跑去找以前的朋友，一玩就不知玩到幾點。

第三天，雖然沒有工作上的應酬，卻有處理不完的公事，林父回到家時，人也累攤了。

第四天，林父和老婆吵架，那有心情和順銘談。

第五天，順銘在國外交的女友來台灣，他跑去接機。

第六天，林父出國談生意、看展覽，十天後才會回國。

六天過去，林父仍然沒有化想法為行動，當他回國後，才知道順銘每天都閒閒沒事幹，也不到公司幫忙，只曉得和女友在外面吃喝玩樂。於是，原本打算好好談一談的林父，在看到順銘吊兒郎噹的模樣時，火氣瞬間上升，先是激烈地破口大罵，再來是受不了順銘頂嘴而賞了他一巴掌，接著就下達三選一的命令。隔日，林父在客廳裏發現一封信，信上只寫了幾個字：我走了，你們不用找我。

看到兒子的留言，林父懊悔不己，當初如果能來個餐後談話，或許就父子關係不會走到這樣的田地。然而，一切似乎都太遲了……。

♥♥♥♥♥♥♥♥♥♥

想想，生活中，我們是不是曾經想要做什麼，卻因為忙碌或其他因素而不了了之呢？此時，你會不會覺得很遺憾？「等待」是一個很奇妙的詞彙，有的人因為懂得耐住性子等待，而出現事緩則圓的好結果，有的人則因為等待過久，而產生不滿意的結局。

目前的你，是不是也有等待的心態？

等著遲遲不提結婚的男人來提親？

等著要倒不倒的公司解散！

等著曾經許下諾言的人回來？

或是等著媽媽的火氣消一點，再把滿江紅的成績單拿給她簽名？

仔細分析，你的等待是否有事緩則圓的效果，如果沒有，不如馬上行動吧，反正事情不會再差，鼓起勇氣進行吧！

態度決定高度

快樂是最不需要等待的，只要你想，快樂就會來！

別沒事找碴吃

雖然你說的大家都知道，不過有些事擱在心中就可以了，若擺上抬面講，難保被講的那個人不和你撕破臉。

你，想氣自己嗎？你，沒事找碴嗎？

世上如果真有這種人，大概會被人笑說是無聊，偏偏我們常在不知不覺中當了無聊人而不自知。

每到對發票的時刻，就是小文最快樂的日子。偏財運不錯的小文，常常會有兩百、一千的統一發票財，因此，家中每個人都知道，發票是小文的第三生命，誰都不許動她的發票袋。今天，又是對發票的日子。小文攤開報紙，一張張仔細地比對，可，眼看發票剩下十張不到，竟然一張也沒中。就在小文快放棄時，她看到一個有點熟悉的數字。原來，有一組號碼的末三尾是「356」，偏偏她的是「357」！若是以前的小文，一定會很快地放下這張發票，但今天不曉得怎麼地，小文突然有一個直覺！

「啊！」小文氣得咬牙切齒加狂叫，她的第六感果然沒錯。報紙上的號碼是19275356，而小文手上的發票卻是19275357。她的發財夢，就這樣地碎了。「怎麼會就差那麼一號，X！」小文不禁罵了髒話。

聽了小文的故事，我除了替她感到惋惜外，也突發奇想，假如小文不要那麼閒閒沒事幹，去看前面的數字，就不會那麼扼腕，也不至於氣了幾個月都還沒消！（真的，小文幾乎是只要看到統一發票，就會再說一次她的故事）

記得小時候，一位男導師突然帶來好幾箱紅蛋，說是孩子出生了，所以請全班同學吃紅蛋。

「每位同學分五顆，現在就吃。」聽到老師如此說，身為組長的我楞了一下：五顆紅蛋耶，那不吃到撐爆啦！頓時，全班充滿了蛋香味。一直對蛋沒有什麼好感的我，勉強吃了一顆，就再也吃不下了。

「咦？還剩那麼多？有沒有人想再拿的？」老師問。沒人回答。「好，既然這樣，所有的組長再拿五顆。」

哇，簡直是強迫嘛！面對桌上的九顆紅蛋，我不禁露出了厭惡的表情。乾脆偷偷地把蛋藏起來好了。在我這樣想的同時，我抬頭望了望老師，想趁他不注意時將蛋收起來。不巧的是，老師竟然看到我的目光，他大吼一聲：「還不快吃！」

「我……吃不下！」

「吃不下也得吃！」

生平，我有了一次吃三顆蛋的經驗。現在回起來，老師真的怪怪的耶，那有人請吃紅蛋還麼兇？不過，他的私事我管不著，倒是那時的我實在是有點笨，明明老已經有點火大了，我還回他一句「吃不下」，難怪會被吼回來！這算不算是沒事找罵挨、找碴吃呢？

♥♥♥♥♥♥♥♥♥♥

通常，會替自己找碴吃的，有四種人。

一是熱心過度的雞婆者。明明沒他的事，他卻要介入出主意，最後惹得自己一身腥。

一是說話太直的人。雖然你說的大家都知道，不過有些事擱在心中就可以了，若擺上抬面講，難保被講的那個人不和你撕破臉。

第三種是不會看臉色的人，就如故事中的我。

第四種是沒事找事做的人，比如故事中的主角小文。

你呢？你是那一種人？

如果你是第一種，那麼在雞婆前，請先想好後果，再問問自己有沒有辦法承受，如果可以，就去吧！

如果你是第二種，說真的，這跟個人的性子有關，要一個直腸子的人說話拐彎抹角，簡直是要他的命，所以，倒不如學習說話前先想一想，至少可以給自己一點緩衝的時間。

像第三種「不懂得看臉色的人」，隨時都可能被白眼，不過，就如同我之前所提過的，沒有一個人可以完全瞭解別人心裏在想什麼，因此，這第三種人除非謹言，不然就要有「被白眼也能釋懷」的心理準備，才不會一遭人白眼就覺得委屈淚汪汪。

如果你是第四種人，請先修正自己的生活態度，一件事氣那麼久有什麼用？倒不如改變自己的心態，想想下次別這麼做就好了！

態度決定高度

吃「碴」嗎？

還是去喝下午茶吧！霉運才有可能去除得了！

CHAPTER 3

好運篇——工作沾好運，也是一種成功！

勉強自己是最蠢的事

準時下班的這天，谷云感到無比地輕鬆與快樂，她逛著新開不久的賣場，肚子餓了就到美食街用餐。

當別人對你有所要求時，你會怎麼做？是考慮清楚利弊得失，再決定要不要答應？還是什麼也不想的一口回絕？或是很快地允諾，之後才在那裡後悔？根據統計，大多數人都是第三種，為了不想得罪他人，所以什麼也沒考慮就糊里糊塗的答應對方，執行時雖然發現事情沒自己想像中那麼簡單，卻依然勉強自己去做。

谷云是個初出社會的新鮮人，憑著對出版的興趣，她來到一家出版社應徵。這家出版社只有兩人，一是老闆二是會計，老闆看來親切和藹，在面試時就開始對谷云做心理戰。

「我們公司才剛開始，一切都很陽春，在薪水方面可能比不上同行。」

「沒關係，我來應徵是因為對出版有興趣，薪水我不計較！」

「還有，由於人手不夠，妳和會計可能要分攤倒垃圾、寄信件等行政性質的工作。」

「這一些對我來說，都沒有問題。」

聽到谷云的答覆，老闆暗爽在心中，這麼好的員工到那兒請？

話雖如此，老闆依然裝模作樣地說：「谷小姐，出版業細節多，有時需要自願加班，公司固定沒辦法付你加班費。」

「這些我都瞭解。」

谷云的第一份工作，就這樣子敲定啦！但，上班不到一個星期，老闆就給她臉色看。「妳到底懂不懂出版啊？一本書被妳編得四不像，要我怎麼出？」

「對不起，我才剛接觸這行，可能有的地方還沒學到。」

「那妳就要趕快充實自己，告訴妳，學校教的理論和現實狀況是不同的，不然，我花錢請妳幹什麼？」當谷云對編輯漸漸上手後，原本也兼做編輯的老闆，開始將他負責的書籍丟給谷云。

谷云的工作量突然激增，她只好不停地、不停地加班，每天離開公司時，天空早已是繁星點點，而這時的谷云，才剛要抱著疲憊的身軀尋找可以吃晚餐的地方。

因為出版社的生意愈做愈好，這天早上，谷云發現公司多了張陌生臉孔。

「妳好，我是小雪，新來的編輯，請多多指教。」

小雪和谷云負責的路線不同，谷云對她的工作內容也非全盤瞭解，只知道她一直在打電話，至於說些什麼？聽起來似乎都是八卦閒聊。六點，小雪突然拿出口紅，整整衣容，下班去也！對於小雪這樣的行為，谷云嚇了一跳，怎麼她敢一下班就落跑？第三天和小雪聊起，才知道小雪已結婚。

「我在應徵的時候就先跟告訴老闆，我六點一定要準時下班回家做晚餐，老闆也沒說什麼。」

「可是，我每天都要加班到很晚耶！」

「那是妳年輕有本錢，我啊，已經是過來人，懂得爭取自己的權利。」

聽了小雪的話，谷云也覺得該多為自己著想，也開始學著六點就下班。

♥♥♥♥♥♥♥♥♥♥

準時下班的這天，谷云感到無比地經鬆與快樂，她逛著新開不久的賣場，肚子餓了就到美食街用餐。一切，都是這麼的美好。

誰知，第二天她就被老闆罵到臭頭。若是以前的谷云，一定會默默承受老闆的開罵，但是，現在的她不同了。她不想再勉強自己加班、不想再為工作忙得不可開交，她要擁有自己的時間。谷云向老闆遞出了辭呈，揮一揮手，不帶走一片雲彩。生活上，很多事都是勉強不來的。勉強的感情走不遠；勉強答應的事總做不好；勉強自己當好人，反而會多一分困擾；勉強之後，通常伴隨著後悔。

為了不讓自己處在勉強狀態中，最好多思考一下：別人的要求對你來說，會不會太難？你願意這麼做嗎？如果你有一絲疑慮，那麼就不要馬上答應，否則就會像故事中的谷云一樣，身心俱疲。我們平常就已經會為了自己的事情煩惱，何苦再多麻煩？

下次，對別人的要求不必太在意，你得先聽聽自己的心聲，再決定要怎麼做。記住，勉強是不可行的。

態度決定高度

有興趣、有時間放鬆的工作才會快樂！

假謙遜後遺症

表現得驕傲過度或謙虛過了頭，往往會讓人覺得很假、受不了。

當你聽到別人的稱讚時，會做出什麼樣的反應？微笑、點頭、謝謝他的讚美？假裝沒聽見？還是反射性的推辭？

紀侑是公司的新進人員，他禮貌恭敬的態度，讓老鳥們頗為讚賞。身為鋼琴推銷業務員，紀侑從對音樂一竅不通，到熟悉鋼琴名家的故事，中間著實下了不少功夫，看在老闆眼中，真覺得自己找到一位好員工。這天早上開會，老闆為了激勵士氣，便當眾表揚紀侑。

「各位，紀侑雖然才來公司不久，卻非常認真，我們大家為他鼓掌。」

在掌聲中，紀侑滿臉通紅地站起來點頭向大家致謝：「小弟不才，還望大家多多指教幫忙！」

「你這樣還算不才，那我們不就是不成材？」業務甲說。

「我不是這個意思，我是想自己沒老闆說得這麼好。」

「唉呀，你才剛進公司不久，就能有這樣的優秀業績，很不錯了啦！」業務乙說。

「不，還需要跟各位多學習。」

「哎唷，你太謙虛了啦，紀小弟！」業務丙拍拍紀侑的肩。

「不，我是說真的，你別安慰我了，我真的沒那麼厲害……」

聽到紀侑一再推翻大家的讚美，辦公室突然安靜無聲。老闆感到氣氛尷尬，遂表示散會。午間，紀侑感到肚子不舒服，他快速竄進廁所裡解放，卻聽到同事們的對談。

「欸，你們單位新進來的那個小伙子叫做紀什麼的？」

「紀侑。」

「對，就是他，看起來外表斯文斯文的，沒想到人這麼龜毛。」

「就是啊，稱讚他一下又不會怎麼樣，誰曉得他還拚命的解釋他真的沒那麼好。」

「我看啊，這種人是稱讚不得，不然會沒完沒了。」

聽到同事們的對話，正在蹲馬桶的紀侑感到很委屈，他只是覺得自己不能太驕傲，難道這樣也會惹人厭嗎？

♥♥♥♥♥♥♥♥♥♥

在職場中，工作能力固然重要，但人際關係更不能小看。許多公司常有一些小圈圈，如果表現得過度驕傲或謙虛過了頭，往往會讓人覺得很假、受不了。一旦被小圈圈們孤立，就很難突破辦公人際關係，有好康的，大家不找你；有苦力或難搞的，必定推你去做，這樣下來，就算一個人有三頭六臂，也難保不萌生倦意。

當人家讚美你時，不管是客套話或是出自真心，你都可以微笑點頭，大方地說謝謝，若是一逕盲目地推辭，不但人家覺得煩，你也會因此對自己漸漸沒信心。下次，當有人告訴你，你的文件打得很好時，謝謝他，並且在心中暗暗替自己下個評語。畢竟，那些地方該加強，你自己心裡有數！懂得自己優缺點的人，就不容易被別人的一句讚美而樂得沖昏頭，也不會因為人家的一點批評而潸然落淚。

學習讓自己的情緒不要被別人牽著走，不因他人讓你的生活變調，快樂就會跟著來，好運也會出現喔！當你肯定自己時，就會發現冥冥中，事情愈變愈變得順利，也真得能心想事成哦！

態度決定高度

多讚美自己，你的工作會更起勁。

一年到頭換工作，不累嗎？

這種每到一個地方就開始找藉口辭職的人，根本是得到了換工作症候群，追根究底，令他們常換工作的原因，其實是還沒有瞭解自己的需求，就貿然投入一份工作所造成的結果。

初出社會的人，常常會有袋鼠現象，這邊待待，那邊跳跳，到處換工作。起先是自信滿滿，反正我還年輕，有本領多換幾家。後來是責問自己，眼看年紀也老大不小了，怎麼連個什麼長的都沒當到。

更奇怪的是，有一種人只要一辭職，就感到快樂無比。你是這種人嗎？

丁綺在學校修的是文書科系，畢業後理所當然地找了份秘書的工作。對她而言，秘書既可以打扮得漂漂亮亮，又能夠從老闆身上學到人事管理和公司經營，最重要的是可以看到更多的高階層人員，簡直是她夢寐以求的職業。結果呢？才不是她想的那一回事呢！

穿得漂亮，沒錯，因為秘書是公司的門面之一。學習管理，沒錯，但是她常見老闆關起門來討論事情，除非有順風耳，否則那學得到什麼？接觸高階層人員，也對，不過她通常只站在一旁發呆傻笑的機會，也沒能跟對方聊上幾句。倒是她沒想到的事，紛紛接踵而來。公司小妹請假，她得代班。老闆說這份文件很急，就算拚了命也得加班打出來。

為了讓公司營運更好，一開會就開了六小時，害得寫會議記錄的她，寫到手都要軟掉。除了公司的事之外，她還得負責老闆的私事。幫忙停車、送禮給老闆娘、寄生日卡片、買午餐、接小孩……等，樣樣都來。最後，丁綺以出國進修為藉口，辭了這份工作。

有了上次的經驗，丁綺學得自己應該找有晉升機會、能學習專業的工作。她選擇了一家貿易公司，擔任業務助理。這家以業務導向為主的公司，理當是業務人員最大，通常是兩位業務司由一位助理支援，業務員將談到的案子丟給助理，其他關於進出口程序，就由助理去執行。剛開始，丁綺覺得很新奇，一下跑銀行，一下子是跟客戶詢問明細，漸漸地，她就對這種繁雜又瑣碎的工作感到厭煩。丁綺，又辭職了。

攤開報紙人事版，丁綺頗多無奈，她不想當秘書，也不想做業務助理，不想當仲介，也不想談保險，而最有前途的科技電子業，她又「霧煞煞」……到底下一步，該何去何從呢？

♥♥♥♥♥♥♥♥♥♥

一年到頭辭職的人，不是抱怨公司福利不好，就是因為老闆做人不厚道，不然就是這份工作沒有前途，好不容易找到一個事不多不少、離家近、名氣大的公司，卻因為同事相處不融洽而離職。這種每到一個地方就開始找藉口辭職的人，根本是得到了換工作症候群。

追根究底，令他們常換工作的原因，其實是還沒有瞭解自己的需求就貿然投入一份工作造成的。華德狄斯奈先生曾說：「一定要做你喜歡的事，否則很難有偉大的成就。」

我們雖然不妄想要多麼有成就，但做自己喜歡的事總比較容易成功吧！

態度決定高度

做你感興趣的工作，即使困難再多也不怕！

工作容易上手，就會覺得事事多順利！

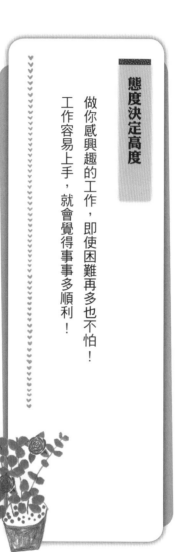

老被敲竹槓，好運減一半

他們在敲竹槓時，心裏早有被人拒絕的準備，你的答應對他們而言，都是撈到的。

如果有人向你借一千元沒還，又開口向你借錢，你怎麼辦？借，怕錢要不回來。不借，又怕打壞兩人感情。這事，挺麻煩的哩！

小楊來到這個公司已經三個月，想當初他是透過獵人頭公司的多次拉攏，並以高薪利誘，才願意從幾百人的大公司跳槽到這家四十人左右的中型公司，說他是空降部隊一點也不為過。自從小楊來到新公司後，從行政作業到出貨流程都參與建議，在他的計劃下，公司的效率提高、業績變好，倒是他個人的荷包卻縮了水……這話怎麼說呢？

原來，為了慶祝業績突破，小楊高興地請大家唱KTV，誰曉得大伙兒到了KTV後，又是飲料又是餐點，林林總總叫了一大堆，結帳時算了算，么壽喔，竟花掉小楊薪水的三分之一，這天之後，同事們就為小楊貼上了大方的標誌，三不五時地敲他竹槓。

「楊經理，您要去吃午餐嗎？」企劃部門的小葉問。

「是啊，有事？」

「沒，我是想請經理幫我帶一個便當回來，我CASE趕不完！」

聽到同事的請求，小楊也不好意思拒絕，他快速吃完飯，包了個便當回公司。「小葉，你的便當來了！」「放著就好，謝謝！」看著小葉狼吞虎嚥的模樣，原本想向他要回便當錢的小楊，只得暫時避口。才六十塊錢，算了吧，小楊想。同事不但在金錢上敲他竹槓，連工作也不放過。

「楊經理，這份報表請您看一下！」小柔恭敬地說。

小楊接了報表，發現報表做得零零落落，根本不能用。

「小柔，這份報表有很多錯送，你必須重做一份。」

「可是！我得趕去接小孩，再做一份會來不及！」小柔一臉焦急，看在小楊眼中也於心不忍。「好吧，這次我先幫你，下次可沒這麼好了！」小楊拿回報表，逕自修改起來。小楊當然不贊同事們敲他竹槓，只是空降進公司的他，實在不想得罪人。

♥♥♥♥♥♥♥♥♥♥

總是被敲竹槓的人，說穿了就是不懂得拒絕別人的人。剛開始覺得沒什麼，到後來發現竹槓敲過頭，就成為一種負擔。對於那些愛敲竹槓的人，最好方法其實是不用客氣，大膽地拒絕，因為他們在敲竹槓時，心裏早有被人拒絕的準備，你的答應對他們而言，都是撈到的。

在此，請練習拒絕他人的藝術，只要你站得住腳，別人的錢就該由別人付，別人的工作也請他自己扛。這樣，你才有更多時間來經營自己的快樂，朝向成功！

態度決定高度

我可以說「不」！

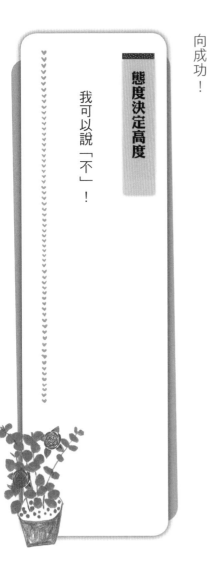

小心容忍變大病

孔子會因材施教，我們也該因事而忍。

小不忍則亂大謀！那麼，大事呢？

男友出軌一次，妳忍，那麼第二次再犯的時候，妳忍不忍？

同事出賣你，你忍，誰知道下一次他會不會故技重施？

滴水能穿石，別忘了，很多事都是因小擴大。

忍忍忍，真能忍一輩子嗎？

「我快受不了那個死魚眼了啦！」電話中，小莉破口大罵。

小莉在一家頗具知名的公司擔任總經理秘書的職位，聽起來頭銜很不錯，不過，公司裡的人都知道，論秘書，還是Ｍｉｓｓ陳的權力最大。Ｍｉｓｓ陳是誰呢？說白一點，就是秘書中的大姊大。

這家公司在台灣、美國、大陸都設有工廠，為了應付接不完的電話和文件，總經理室設有三位秘書，分別是三十五歲，在公司待了十年的Ｍｉｓｓ陳，三十歲，在公司五年的Ｍｉｓｓ黃以及剛畢業不久的小莉。

記得人事主管在面試時，就曾試探性地問小莉：「如果上司很嚴格、說話比較難聽，會不會感到不舒服？」

「不會，因為我是社會新鮮人，上司交待的自有道理，我不會覺得怎麼樣！」小莉回答的很標準。

「那就好，本公司比較注重辦公室倫理，以後若有遇到任何問題，就請妳忍一忍！」聽到人事主管如此說，小莉心想，反正她是總經理秘書，她的上司就是總經理，應該不會很難相處吧！

直到小莉踏進公司上班，才知道人事主管口中的上司，指的並非總經理，而是Ｍｉｓｓ陳。Ｍｉｓｓ陳就像一般人印象中的女強人，每天穿著套裝，頭髮習慣梳成一個髻，眼光銳利、做事俐落、對答如流。

每當她對小莉做的文件有意見時，就會皺起眉頭、冷言冷語地批評，那對眼睛，看起來就像是……死魚眼。從此，小莉就以死魚眼來Ｍｉｓｓ陳。

「這死魚眼用我做的文件去討好老闆」、「死魚眼竟然罵我豬頭」、「小妹明明在公司，死魚眼還叫我泡茶端咖啡給客戶」……小莉開口閉口，都是說她如何被死魚眼不公平的對待。

「這還不是妳自找的？」聽完小莉的抱怨，我給了她這麼一句。

「你──說──什──麼？」小莉張大眼睛看我。

「本來就是啊，死魚眼叫妳做那麼多不合理的事，你卻沒有她任何反應，她當然會繼續苦毒妳。」

「可是……可是那個人事主管叫我要忍。」

「忍？我看妳遲早忍出病來！」

我差一點沒問小莉：人家叫妳吃大便，妳吃不吃？

♥♥♥♥♥♥♥♥♥♥

我們常聽到長輩說：「忍一忍就過去了！」可是，事實真是如此嗎？皮肉之傷，可以忍；別人對你不尊重，你忍得住嗎？只有不重視自己的人，才能容忍別人一而再、再而三的不尊重。

想想，連你都不看重自己了，別人怎麼會看重你？下次，請聽聽心中的聲音，如果你覺得受到對方的侮辱，大可說出來，別悶在心中，否則，是會悶出問題來的！

態度決定高度

忍不見得會有好運，但肯定會出花大火氣。

別自以為不可或缺

現在講究的是團隊，單打獨鬥、
一人動腦的時代再怎麼樣也比不上三、五人一同激發的創意，
如果你仍然認為自己是不可或缺的，一旦被伙伴們排擠，
日子將會活得很痛苦。

你，覺得自己很重要嗎？是的。人沒有一模一樣的，從某些角度來看，每個人都是非常重要的一份子。不過，就因為大家都是獨一無二、卻又可以互補，因此在一個團體中，也就沒有不可或缺的人。

如果你萌生：「這地方一沒有我就完蛋」，或者：「這一個人如果沒有我

就會怎麼樣」的想法，那麼，當你發現事實不是如此時，就容易因為與心中想的有所落差，而開心不起來了！

在公司，王平稱得上是元老。十五年前就來到公司的他，從一名小業務幹起，現在儼然是業務經理，管理了四十位業務員。這家公司賣的是比較冷門的大型機具，在草創期並不被看好，後來因為老闆娶了有錢有勢的人家，遂靠著裙帶關係在業界竄升。當時，建設業一片景氣，公司的生意也應接不暇，王平就這麼幸運地成為業務經理。

起初，王平的確替公司訓練了一批敢衝敢撞的業務新兵。隨著時光消逝，這些新兵們也練成了老鳥，不是被人挖角，就是自己另起爐灶。就剩下王平依然屹立不搖，死守著公司。

每當老闆和他餐敘時，總會不自覺得聊起公司草創時期的事，然後若有所感的對王平說：「當時公司如果沒有你，真不知道會怎麼樣？」

起初王平還會不好意思地說自己沒那麼偉大，後來也覺得老闆的話還真的有那麼一回事。

想當年，要不是他白天衝業務，晚上替業務員上課，一些新來的伙子那懂得什麼？還有，要不是他看好未來市場，向老闆建言，老闆也不會因為進口新機具而大撈一筆。說來說去，他的功勞還真不可沒。

於是，王平在公司姿態愈擺愈高，只要屬下不照他的想法去做，他就會出現一句口頭禪：「你們這些年輕人就是喜歡不懂裝懂，照我的做準沒錯。」

王平這種鐵頭式的作風，漸漸讓大家不滿。在一次內部會議中，他的屬下趁著王平出國渡假時，聯合向老闆報怨，說王平既霸道、思想又迂腐。「都幾世紀了，王經理還在用那種老掉牙的方法賣機器，說了就讓人覺得好笑」、「王經理建議公司買的機具，有些都已經不適用，也比不上人家的先進，要我們怎麼拿出去賣？」大家你一句、我一句，老闆心中也有了打算。

王平回國的第一天，還來不及到公司上班，就接到老闆的電話，說有要事相談。一開頭，老闆說的都是感謝王平為公司立下汗馬功勞之類，說著說著，就提到業務部門改組的事情。

「這些小伙子沒有我幫他們拿主意是行不了大事的！」王平聽到部門改組，急得像什麼似的。

「我們都已經老了，現在是該讓晚輩們衝一衝了！」老闆什麼也沒多說，只是拍拍王平的肩。王平，就這樣地從握有實權的業務經理變成名譽董事。而改組後的業務部門果然蒸蒸日上，達到前有未有的績效。

♥♥♥♥♥♥♥♥♥♥

在團體中，每個人都是螺絲釘，我們不能小看自己，但也不需膨漲自我。自以為不可或缺的人，往往是自信滿滿的人，或者曾經因為什麼事而立大功，就以為自己不得了了。現在講究的是團隊作戰，單打獨鬥、一人動腦的時代再怎麼樣也比不上三、五人一同激發的創意。

如果你仍然認為自己是不可或缺的，一旦被伙伴們排擠，日子將會活得很痛苦。試著找出別人的優點，並承認自己還有更好的空間，成功也就不遠了！

態度決定高度

不看輕自己，但也不膨脹自己。

受不了壓力的時候

人生，是由一連串的選擇組合而成。

肚子餓了，吃飯還是吃麵？

手上預算不多，買鞋還是買衣服？

兩個男人都對你很好，你要A還是B？

只要是人，就難逃選擇的動作。

選對了，得意洋洋。

選錯了，扼腕不已。

知道嗎？即使是選擇，也是有「撇步」的喔！

從小，阿文就知道要選好的。

媽媽問！「你要大梨還是小梨？」他話不說，馬賞把最大梨子放嘴邊啃。到玩具反斗城，他絕對巴著最新型的玩具不放。

面對兒子的選擇，陳媽媽總是說：「我們家阿文就是聰明，就知道要選最好的。」阿文要什麼，陳媽媽都會盡量做到。於是，養成了好勝的個性。

小學、國中時，阿文的天資聰穎、功課好，在同班同學當中的確佔上風。可是，當阿文考上一流高中後，就不是那麼一回事了。考進這所學校的學生們頭腦都不錯，第一次段考，阿文的成績竟然落到全班的中後。一向好勝的他那禁得起這種打擊，於是，阿文卯足吃奶的力拚命K、K、K！

「我一定要考進前五名。」阿文總是這樣告訴自己。

他的身體愈來愈虛弱、視力愈來愈差，由於睡眠不足，他也常會出現莫名其妙的昏眩。結果呢？二次段考，他的成績仍然不上不下。

「為什麼會這樣呢？」阿文看著考卷，失望又無助地說。阿文的高中歲月，就在他的不甘心及載浮載沈的成績中度過。

大學，阿文選的是企業管理，因為他從小就想要開公司、做老闆。「不然，當大老闆的重要幕僚也很不錯。」阿文這樣告訴同學。

可是，事實和他所想的差了十萬八千里。阿文想去著名的公司應徵，寄出的履歷表總是石沈大海。百思不解的阿文眼看同學們一個個都有工作，不免著急了起來。望著剛寫好的信封，阿文期盼這次他應徵的「企業高級幹部」能出現好的回音。不過，阿文恐怕又要失望了！

♥♥♥♥♥♥♥♥♥♥

從阿文的故事中，我們可以明顯地看出，阿文是一個不了解自己實力的人。他總是選擇將目標訂得非常宏大，而不願意先選擇容易做到的，說難聽一點就是好高騖遠。高中時的阿文，因為小時候總是名列前茅，讓他無法承受自己的成績不如人的事實。

好勝的他一下子就以考進前五名為目標，難怪有心力交瘁之感。假如，阿文能夠先選擇「考進前十五名」，是不是就不那麼難了？剛出社會的阿文，在面對企業徵人的訊息時，還想要應徵高級幹部，不以助理或基層人員為選擇，難怪寄出的履歷表沒有回應。

人生，是由一連串的選擇組合而成，在選擇時，我們應該根據自己的能力來進行，按部就班地來，而不要選擇看起來很體面，卻永遠也做不到的！

如此，當你實踐目標後，將能感受到一種從未體會過的成就感，而這股力量將會帶你朝向下一個目標前進，成功也才會伴隨在側！

態度決定高度

從簡單的工作開始處理，日子就會很有成就感！

選擇容易做到的，好運自然跟著來

現代人的壓力，不見得只有一點，而是很多點、很多種類。

現代人似乎都很忙！

上班族們忙著工作。

學生們忙著K書。

還有人每天忙著跟不同的女生談戀愛。

不管如何，只要忙過頭，就會出現壓力。

當你受不了壓力時，該怎麼辦？

季風是一名半工半讀的二十二歲青年。當完兵的他，白天在一家圖書公司上班，晚上則在某大學就讀夜間部。他有一位女友，是在補習班認識的。聽起來，一切都還不錯。可是，季風卻覺得他的生活愈來愈鬱卒。

先從他上班的地方說起好了。當初看到報紙上寫著：誠徵認真負責的年輕人，無工作經驗可、工作環境單純，可學得一技之長。興致勃勃地前去面試，才知道美其名為圖書公司，實際上卻是推銷兒童故事書。

原本，季風並不打算接受這份工作，可是卻在面試人員的「你什麼社會經驗都沒有，又在唸書，除了業務，不會有別的工作願意用你。」等話術之下，簽了同意書，言明絕對要做滿三個月。

剛開始，季風覺得賣書總比賣那些阿里不達的東西好，又可以教育國家幼苗，算是一件很崇高的工作，誰知做了三天後，他發現事情可沒那麼簡單。不是挨家挨戶地推銷，就是到醫院小兒科、婦產科發傳單、做說明，不然就是在人來人往的地方擺起書攤兼拉客，看到小孩像看到大爺一樣，說什麼都要留住孩童的注意力。

三天下來，季風開始感到體力不支，晚上上課時總是點頭如搗蒜的睡著了！偏偏女友又抱怨季風冷落她。季風第一次感受到壓力如強颱來襲，他訥悶著：工作、課業、女友到底該如何兼顧？

♥♥♥♥♥♥♥♥♥♥

最近和朋友們聊起來，發現壓力還真是熱門。甲告訴我，他有房屋貸款的壓力。乙說，小孩子久病不癒，害他一聽到咳嗽聲就有壓力。剛被老闆轟炸的丙，有企劃案不過關的壓力。丁有生小孩的壓力。就連坐在公車上，也會聽見身旁的高中生喊著課業壓力。

壓力，已經變得不稀奇。一點點壓力對人類來說，其實是助力。偏偏，現代人的壓力，不見得只有一點，而是很多點、很多種類。像故事中的男主角季風，就深受工作、學業和成心情的壓力，而生活中，我們也常會在同一時間面臨到各種壓力。

有壓力是正常的，但是，一天到晚總是被壓力纏身的人，就有很大的問題。這個問題來自於你自己。

有感情壓力的人，可能是自信心不夠，或是安全感很低，不然就是太依賴別人。有經濟壓力的人，可能是太喜歡買東買西，或是拿錢做投機事業，不然就是被人拖累。有工作壓力的人，可能是受到上司逼迫，或是對自我要求過高，不然就是對這份工作提不起興趣。

如果你現在正感到壓力侵襲，請仔細想想，壓力的來源與原因，然後再對症下藥。一旦服對了藥，「壓力」這種文明病自然不會對你造成困擾。最重要的是，在去除壓力的過程中，記得服上一帖名叫樂觀的藥。如果你怎麼樣都開心不起來，至少別整天愁眉苦臉地。否則，自己有壓力也就算了，還害得親朋好友漸漸不敢靠近你，白白損失了一批替你打氣、聽你倒垃圾的人，那多划不來呀！

再加上事情一多，壓力就跟著重了起來，不只把自己壓得背駝駝地，還可能看不到眼前的好運，而把成功的機會往門外推。試著讓自己再從容些，你會發現反而更能把握自己的人生。

態度決定高度

做自己喜歡的事，工作無壓力！

CHAPTER 4

開心篇—快樂替你招來好運和成功！

點到為止的藝術

熱情用對地方，將會使自己和對方受益；用錯時機就不一定啦！

人都是有感情的。也正因為如此，我們自然會對自己關心的東西多付出一些。目前，你是否有特別關心的人、事、物呢？如果有，請學習點到為止的藝術喔！

馮杰是一位大學四年級的男生，他為人體貼、熱心，也因此有許多女的朋友，在班上，他甚至加入了「手帕交小組」。「手帕交小組」是由四個女孩子組成，她們有一個共同的特點：沒有男朋友。

自己開車上下課的馮杰由於順路，常常送這群手帕交回家，也因此破例加入手帕交小組，成為唯一的男性。

最近，大家明顯感覺，馮杰變了。蹺課、發呆，而且春風滿面，就差沒流口水。在手帕交小組的逼問下，馮杰坦承，他談戀愛了，對象是小學妹。

「我們是手帕交耶，你怎麼可以先跑？」甲女說。

「不管、不管，你要幫我們辦聯誼。」乙女說。

自從談了戀愛後，馮杰便覺得愛情真是一件美好無比的事。如今手帕交們表態，他也樂得來個順水推舟。

「好啦、好啦，我就出動我認識的優質男性來辦個下午茶，如何？」

下午茶在大家的企盼中如期舉行，不過，「效果」卻不彰。

手帕交們似乎對馮杰帶來的優質男性沒什麼感覺，這下，馮杰可急了。總不能只有他一人沈浸在愛河中，這樣有點對不起姊妹們！

此時，電話響起。「馮杰，你的同學小芳，好不好追？」電話的那頭，是下午茶成員中的其中一位：阿齊。

阿齊告訴馮杰，他深深被小芳的個性吸引，希望馮杰能幫忙撮合。

「沒問題，當初我也覺得你和小芳的興趣喜好最像，一定有機會！」

此後，馮杰開始當起月下老人，一有機會就向小芳推銷阿齊。

「但，」小芳總是沒說什麼。

由於小芳沒有明顯的拒絕，馮杰直覺她應該對阿齊也有意思，並將這個好消息告訴阿齊，慫恿阿齊約小芳外出看電影。

誰知……誰知，阿齊不但踢到鐵板，還帶回一個令人想不到的消息。

「馮杰，小芳已經跟阿正在一起了，你還叫我約她，約個頭？！」

聽到阿齊的抱怨，馮杰也楞了好久，既然小芳已經跟優質男性中之一的阿正情投意合，幹嘛不告訴他？覺得被矇在鼓裏的馮杰氣得撥出電話向小芳問個究竟。

而小芳給她的回答卻是這樣的：「我是想告訴你阿，可是你一直在那兒湊合我跟阿齊，我怎麼好意思說……」

♥♥♥♥♥♥♥♥♥♥

有人說，現代人比起以前，真的比較冷漠。

我也有同感。

對於熱情及願意付出關心的人，我總是佩服不已。不過，熱情雖沒什麼不好，也要看場合、看事情。

熱情用對地方，將會使自己和對方受益，熱情用錯時機，就可能被冠上「雞婆」、「好管閒事」的名號。像故事中的馮杰，一頭熱地想替朋友們湊合，害得朋友不好意思告訴他自己心有所屬，搞得大家都尷尬。

因此，付出熱情最好的方式就是點到為止。給需要的人適時的關心，但別介入他們的生活。

這樣，也應驗了一句話：「你快樂，我快樂，大家都快樂！」

態度決定高度

不需要我時，我會懂得過自己的生活！

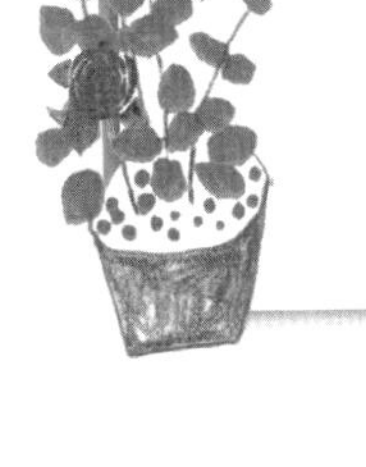

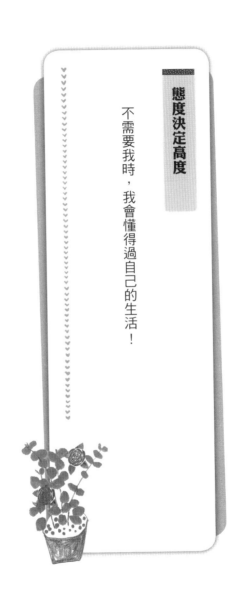

朋友變敵人，又怎樣？

當晚，小莉打電話給蕭芹，她哭著要蕭芹原諒：
「其實，我早已經暗戀王永昌很久了，
只是公司規定員工不能跟會員談戀愛，所以……」

我們都有朋友。有些人是知心好友、有些人是萍水之交。有的人如兄如父，有的人卻會在背後陷你於不義。你曾經被朋友出賣過嗎？或者，朋友做了讓你不能釋懷的事情？你是怎麼處理的？

二十八歲的蕭芹，踏入社會已經五年。蕭芹的學歷不錯，又在一家業績良好的公司擔任總經理秘書，光是年終獎金，就比同學們多出五個月。可是，蕭芹卻仍然嘆氣。

她，很想找個人談戀愛，而且要以結婚為前提。尤其是參加公司的年度旅遊，看到同事們攜家帶眷的天倫之樂模樣，蕭芹想結婚的念頭就更濃了。偏偏，公司裏的單身男她看不上眼，平常又沒機會認識異性。結婚？有可能嗎？

星期天，蕭芹在家閒閒沒事，電話突然響起，原來，是蕭芹的國小同學，小莉。蕭芹和小莉在學校時並不熟，畢業後就不曾聯絡，接到小莉的電話，蕭芹第一個念頭就是：小莉該不會在直銷業或是賣保險？

再聽聽小莉問她的話，盡是在：「結婚了沒？現在在做什麼？薪水多少？」上面打轉，分明就是想先弄清楚她的個人資料和經濟狀況，然後再找機會賣東西給她。

「說真的，妳有沒有男朋友？」小莉突然一改哈拉語氣，正經起來。

「男朋友？我已經很久都不知道這三個字怎麼寫囉！」蕭芹回答。

「真的？妳的條件那麼好，怎麼可能？」小莉話鋒一轉，神秘地問：「蕭芹，妳想交男朋友嗎？」

「幹嘛，你要介紹？」

「如果妳有結婚的打算，我們公司星期六在XX飯店有一場座談會，妳不妨來聽聽！」

搞了半天，蕭芹才知道小莉在一家專為未婚男女辦活動和座談會的公司上班，說穿了，其實就是婚姻介紹所。

「這……」蕭芹雖然想，但也不好意思馬上答應。

聽出了蕭芹的矜持，小莉笑著說：「妳一定要來，就算幫我撐業績、做人情，好不好？」

「好吧！就這麼一次喔！」蕭芹順勢回答。

星期六，蕭芹特意打扮，來到XX飯店。循著指示牌來到二樓，蕭芹看到穿梭於人群中的小莉。

「蕭芹，謝謝妳來捧場！」小莉替蕭芹別上名牌，並替她安排好座位。

坐定後，蕭芹發現，現場雖然擺著一個個圓桌，卻也以男女間隔的方式排位。而坐在蕭芹的對面，名牌上寫著「王永昌」的男士，恰好就是她欣賞的那種類型。座談會之後緊接著聯誼活動，王永昌顯然對蕭芹也頗有好感，一直找她聊天。正當蕭芹和王永昌聊得正起勁時，小莉突然出現。

「王永昌，我正想將蕭芹介紹給妳，沒想到你還真有眼光！」小莉一邊說，一邊拍拍王永昌的肩，好像倆人認識已久。活動結束後，蕭芹立刻接到小莉的電話。

「蕭芹，王永昌加入我們的會員已經兩年，他是一位很優秀的男性，只是眼光頗高，害我一直收不到他的媒人紅包！」

小莉向蕭芹說了許多王永昌的好話，並要蕭芹考慮試著與王永昌交往。由於王永昌，論芹跟小莉有了共同的話題。剛開始，小莉是因為職業而來試探蕭芹的想法，久而久之，小莉就成為蕭芹的軍師。從「約會該去那兒」、「穿什麼衣服」到「王永昌的好惡」，小莉都提供不少意見。甚至蕭芹和王永昌吵架，小莉也會前來摻一腳當和事佬。

「王永昌就是說話直，妳就忍著點嘛！」「王永昌上班比較累，妳別老拉著他陪妳逛街。」漸漸地，蕭芹覺得她愈來愈不懂王永昌，而王永昌也不像以前剛認識時那麼勤於找她。這天，王永昌又藉公事忙放她鴿子。

一人獨自走在街上，蕭芹感到身心俱疲。她轉進一家服飾店，正準備大開買戒時，卻看見王永昌和小莉親暱地走在一起；他們，也看到她。

不久後，小莉打電話給蕭芹，她哭著要蕭芹原諒：「其實，我早已經暗戀王永昌很久了，只是公司規定員工不能跟會員談戀愛，所以……」

「所以，你們就拿我當擋箭牌？」蕭芹氣得說不出話來。

「不是的，王永昌他剛開始並不喜歡我，我真的只想當你們的和事佬，誰知道……」

「誰知道妳卻變成了第三者。」

小莉愈解釋，蕭芹就愈不能接受她的說辭，掛掉電話，她激動地大叫：

「這是什麼世界！」

♥♥♥♥♥♥♥♥♥♥

這是什麼世界呢？這是個由許多人組成的世界。既然一睜開眼睛就會看到人，就表示我們得與人來往。與人來往是一門大學問，因為，我們的情緒隨時都可能受到別人左右。像故事中的女主角，不就被男主角和女配角給「矇」了，而感到又氣又恨嗎？她氣的，不只是男朋友移情別戀，更恨女友奪她所愛。害得原本該是好朋友的，卻變成了敵人。

在你的生活中，也有「好朋友變敵人」的經驗嗎？我們是不是常容易因為一件小事，而和朋友鬧得不可開交，最後反成仇？此時，該怎麼想才會讓自己不要那麼抓狂呢？現在，請先問自己一個問題：你會將所有的事情都讓某個人知道嗎？

即使是你身邊最好的朋友，或你的父母及兄弟姐妹，也應該不知道你所有的秘密吧！況且，每個人腦中想的東東都不一樣，我們並不能要求別人照著我們所想的去做。

所以，人家會搶你的男友，是有可能的！
人家考試作弊成績比你高，是有可能的！
人家當著你的面對你發誓，卻在他自己心中暗暗「發四」，是有可能的！

天下，沒有不可能的事，因為每個人做什麼事，都有他們自己的理由。如果我們沒有看清楚這一點，那麼，我們就難逃當朋友變敵人時，氣到肝火上升、血壓高漲的下場。結果呢？受害的還不是自己！所以，當朋友出賣你時，你還要那麼生氣嗎？千萬別跟自己過不去哦！

學著讓人生擁有更多快樂，你也才能夠聽見幸運之神的敲門聲。

向罪惡感說拜拜

伴隨著千元大鈔的，是一個極富磁性的男性聲音：

「這位小姐的帳，就和我的一起算好了！」

許倩和李雪是無話不談的好友。

「倩，妳覺得……那個男的怎麼樣？」這天，李雪略帶嬌羞地拉著李倩來到籃球場。

「這裏男的這麼多，妳說的是那一個？」許倩納悶著。

　話說兩天前，李雪和許倩放學後留在班上畫海報。李雪因為猜拳猜輸了，必須負責買晚餐。她來到學校附近的便利超商，正準備付帳時，才發現忘記帶錢包。這下怎麼辦好？人家店員都已經把發票印出來了！就在李雪感到大腦花茫茫時，櫃台突然出現一張千元鈔票。伴隨著千元大鈔的，是一個極富磁性的男性聲音：「這位小姐的帳，就和我的一起算好了！」

　聽到救星出現，李雪的心中出現了幾個字：感謝上帝、感謝阿拉、感謝釋迦牟尼佛……她轉頭查看聲音來源，差一點兒沒撞上身後穿著七號球衣的高大男生。

　回校的路上，她和對方聊起來，才知道他——戴宇是學校籃球隊隊長。不知是這段英雄救美感動了李雪？還是戴宇人帥聲音又好聽又會打球？總之，身為李雪的麻吉，許倩可以斷定，李雪絕對喜歡上戴宇。趁著李雪還錢給戴宇的機會，許倩也跟著湊熱鬧，想看看對方的長相。兩人於是來到了籃球場。李雪指指不遠處說：「人家不是告訴過你，他穿七號球衣的嗎？」

「嗯，果然是天下一俊男，難怪妳會喜歡他。」許倩認同。

這天後，李雪總是一放學就拉著許倩到球場看戴宇打球。戴宇也會趁休息時和她們聊上幾句。兩個禮拜過去。許倩發現，李雪不但開口閉口都是他，連上課都在筆記本上畫他。

早就疑惑已久的許倩，終於忍不住地問李雪：「妳和七號那位帥哥到底進展得怎麼樣？」

「什麼怎麼樣？」李雪的表情，看來比許倩更疑惑。

「他有沒有打電話給你？」

「沒有啊！」

「沒有？」許倩大叫，差一點兒沒將屋頂掀了：「沒有妳還每天死命地拉著我去看球」

「人家只是想靜靜地看著他就好了！」

「靜靜地看，這樣那能釣到他？」許倩指了指李雪的腦袋瓜兒說：「妳啊！就是欠這個」

「……」李雪沒回答。

望著李雪低頭不語，許倩心生一計。隔天放學，球場上不見戴宇。就在倆人引頸尋找的同時，一位女孩向她們走來。

「妳是李雪。」女孩開口。

「我是，請問妳？」

李雪話未說完，女孩已自我介紹，她是戴宇的女朋友。

「以前戴宇告訴我，有關妳的事情時，我就覺得妳喜歡她，他卻一直不相信，直到昨天……」

「昨天？昨天怎麼了？」李雪納悶著。

「昨天妳寫了一封信給他，說對他有好感，希望他能夠回通電話給妳。」

「我沒有啊！」李雪聽了一頭霧水，急著否認。

「沒有？那這是什麼？」女孩拿出一封信。

在看到信封的一剎那，李雪突然都明白了。對她而言，信上的字跡真是再熟悉也不過。李雪的不語，讓女孩以為她默認了，女孩淡淡地說：「對於妳的信，戴宇感到很困擾，我希望妳以後不要打擾他練球。」

女孩轉身走後，許久，李雪才開口：「倩，妳為什麼要這麼做？」

「我……」許倩不知該如何解釋。

這天之後，班上同學都發現，原本情同姊妹的李雪和許倩，竟然形陌路。雖然畢業許久，每當回想起這件事時，許倩仍無法釋懷，她總是認為自己很對不起李雪，害李雪的女性自尊受損。最近聽同學說，李雪一直都沒交男朋友，許倩不免懷疑：李雪是否對這件事還是很在意，所以才不敢談戀愛……一想到這兒，許倩覺得，她的罪惡感更重了！

♥♥♥♥♥♥♥♥♥♥

罪惡感是什麼？當我們做錯事時、或對不起別人時，我們或多或少都會產生罪惡感。先提出分手的那個人，會覺得罪惡感，原因是怕自己傷害了對方。答應別人某件事卻沒有實現，會感到罪惡，因為自己不但沒有一諾千金，反而變成「死馬難追」。問題是：你覺得罪惡的，別人會不會也覺得罪惡？

其實，罪惡感跟一個人的道德觀與價值觀有很大的關係。道德尺度強的人，很容易感到對不起別人，罪惡感因此上身。

特別是很在乎別人怎麼看你、很希望自己人緣一級棒的，更容易被罪惡感纏得緊緊的。至於那個你覺得對不起的人，在事發當時或者很火大，但事隔多年後，說不定早就將這件事忘得一乾二淨。

而你，卻還在那兒拚命認為自己很對不起他，一聽到相關事情（尤其是不好的），就將責任全攬在身上，搞得自己累垮垮，不但青春痘消不了，連痔瘡都愈腫愈大，幹嘛呢？好吧，就算你知道對方真的很不原諒你，那又怎樣？

想想看，你已經為了「罪惡感」這三個字苦了多年，還要再繼續苦下去嗎？

現在，將你最在乎的事寫在紙上，寫得愈詳細愈好，然後重頭看一遍，再將紙撕碎，而且要愈碎愈好，在碎紙丟進垃圾桶的同時，也代著你將與此事說拜拜，不管是誰都打擊不了你！有一句成語叫「節哀順變」，我們不妨「節罪惡順變」，讓自己過過好日子吧！

態度決定高度

不要替自己添加無謂的罪惡感。
與其抱著愧疚過一生，還不如面對問題承擔一切。

少一點「早知道」

在說出「早知道」之後，我們更該思考，接下來該怎麼做！

有時候，事情就是不如我們所料。

以為可以高分，草草寫了考卷，偏偏差一分！

以為案子必定是我們公司標到，怎麼會落到別人家去？

以為你對他挖心掏肺，他就會對你好，但……

這時候，難免不氣得說出三個字：「早——知——道！」

「愛神」是一家專門出版少女漫畫的公司。這家公司已有二十年的歷史，出版的漫畫都是比較有正面意義，屬於賺人熱淚、寓教於樂的那種型。由於很早就搶佔漫畫市場、賣相又一支獨秀，愛神公司旗下的漫畫家，個個都是有名有號的人物。也為愛神公司賺進了不少銀子。

這麼看來，最受惠的，理當屬愛神公司的老闆邱先生。不過，最近邱先生卻愈來愈少嶄露出他的招牌笑容，取而代之的，是兩道鎖得緊緊的眉頭。這，都是「新漫畫皇」害的。

「新漫畫皇」是近幾年才成立的漫畫公司，旗下漫畫家個個年輕新潮，無論在劇情鋪陳或畫風方面，都打破以往漫畫的窠臼。邱老闆第一次看到新漫畫皇的漫畫時，就預言它一定不會賣，理由是：又有暴力又有色情，一點都沒有教育意義，那能成什麼大事！

偏偏，新漫畫皇出版的漫畫，正好迎合了時下年輕人的「重鹹」口味，不但租書店搶著要，零售銷路也賣得嚇嚇叫。由於旗下漫畫家都以不拿蹺的新人居多，新漫畫皇的人事費用及版稅成本自然比愛神少掉許多。再加上出版的漫畫本本大賣，新漫畫皇的老闆賺錢的速度，無疑比邱老闆快。這一點也正是令邱老闆咬牙切齒的地方。

因為，新漫畫皇的老闆小劉不是別人，而是在愛神做了十多年的資深幹部，可說是邱老闆最得力的助手。小劉為人聰明、辦事效率高、不打馬虎眼、又擅於人際關係，簡直是愛神的地下部長。

兩年前，小劉突然向邱老闆提了一個名為「除舊佈新」的企劃案，內容大意是：鑑於愛神公司的漫畫家倚老賣老、配合度低又要求高版稅，以及市場口味已經漸漸改變的情況下，希望能大量引進漫畫新秀，以出版新方向、新潮流的漫畫。

「小劉，你是那根筋不對，怎麼會提出這個案子？」邱老闆看完企劃案後，如此問小劉。「這是時勢所趨，老闆你若不這樣做，一定會後悔。」小劉篤定地回答。

小劉的案子終究不被邱老闆接受，幾天後，小劉告訴邱老闆，如果老闆真的不願意實行他的企劃案，那麼，他也沒必要再待下去。跟了邱老闆這麼多年，小劉當然知道公司的營運狀況，他認為只要邱老闆點頭，還是可以在原有的漫畫路線下，另闢一條新系列。可是，邱老闆還是不答應。

「小劉，我真的很希望你不要走，可是，如果你執意要做這個案子，那麼，我只能跟你說抱歉。」

「老闆，我離開這個公司後，還是一樣會待在漫畫界，到時我們恐怕會成對頭。」

「喔！這一點我能瞭解，不過，無論你怎麼做，我依然當你是朋友。」

邱老闆原本認為，漫畫界就屬愛神公司最大，小劉就算到別家公司，也做不起來，最後一定會投回他的懷抱。可，出乎他意料之外的是，小劉並未另尋他家公司，而是自己「撩下去」。在新漫畫皇大熱賣之餘，也出現了骨牌效應！那就是：愛神公司的漫畫銷售率明顯地少了幾成。原本漫畫排行榜上以愛神公司出版的漫畫居多，現在也漸漸地被新漫畫皇比下去。

望著業務部門提供的銷售報表，邱老闆不免大嘆：「早知道會這樣，當初我說什麼也要留住小劉！」

♥♥♥♥♥♥♥♥♥♥

「早知道」其實是很多人的口頭禪。早知道小美那麼大嘴巴，我就不要告訴她！早知道小君那麼愛計較，我就會娶小芳！早知道阿山會在老闆面前拆我台，我就不帶他去喝花酒！早知道小林會變心，我當初就不要對他那麼好！「早知道」雖然只有三個字，卻包含了後悔、失望等各種不快樂的情緒。

當事情不如我們預料時，我們會說出「早知道我就……」等話，是很容易理解的。不過，在說出了「早知道」之後，我們更該思考後續該如何。因為，會被貼上「早知道」這三個字的事情，就表示它已經發生了。

當然，有些事是對生活比較沒有影響的，像：早知道今天的麵不好吃，我就選擇吃飯等此類小事。而有些則是對生活、甚至個人心情造成衝擊的，像娶錯人或嫁錯人之類。

我們不是大雄，沒有可愛的「哆啦A夢」在身旁，可以隨時提供機器，讓我們回到過去，重新調整決定。對於沒有太大妨礙的事情，我們能做的，當然是記取教訓，告訴自己不要再想它，下次別重蹈覆轍。

然後，原本該是失望地說：「早知道我就……」將會變成得意的語氣：「我就知道會……」對於會讓自己感到不舒服、卻很難甩掉的事情，我們就必須面對它，想辦法解決。

娶了個愛計較的老婆，總不能說離就離，所以你得想辦法溝通！有一個大嘴巴的朋友，就別把你不想傳出去的事告訴對方。有了因應的辦法之後，還要記得：別有事沒事回頭想不如意的事。

記住，心情快樂，天天是好天，成功不難！心情不High，天天都芭樂！成功也怕看到你！

態度決定高度

在指責別人的同時，也想想自己是否有缺失！

懂得真正欣賞自己

樂天的小萍雖然不苗條，卻不像一般女生，拚命想減肥，相反的，她覺得人生就是要快樂，減肥通常要限制飲食，久了就會快樂不起來，所以，她絕不減肥。

嗨！你欣賞自己嗎？你最欣賞自己的什麼？是西方人喜歡的單眼皮、是看起來永遠像沒睡醒的瞇瞇眼、是和成龍一樣的大蒜鼻、還是肥嘟嘟的兩隻小腿？或者，你有溫柔可人的氣質、正義直爽的個性、以及路見不平就破口大罵的脾氣？

「欸，我說妳該減肥了吧！」施強對他的女友小萍說。

「減肥？為什麼？」

「妳不覺得妳太胖了嗎？」

「哦？會嗎？」

小萍是一位二十九歲的女孩，身高一六〇公分、體重五十八公斤，光看這個數字，就知道小萍絕不是林黛玉之類的。再加上長期坐辦公桌及不愛運動的結果，小萍的身材可說是臉蛋小、大腿特粗、「馬達」大的不協調型，也就是西洋梨型身材。這樣的女生，如果年輕一點，或許稱得上可愛，不過，對於已經二十九的小萍來說，似乎不適合「可愛」這個名詞。初認識小萍的人，都直覺她應該沒有男友，因為她的外表和身材實在不怎麼樣。其實，小萍的感情世界才不如陌生人想的那般「無市場」。

除了她在大學時代的純純之戀外，出社會後，小萍所交往的男友都是相貌堂堂、家世收入都不錯的那種。說明白一點，小萍和男友走在街上，不是遭來人家異樣的眼光（咦？這男的怎麼會喜歡上這樣的女生），就是被投以羨慕的神情（哇！這女生的男朋友看起來真不錯）

施強是小萍的第四任男友，倆人在一次友人的生日派對上認識，說真的，施強對小萍的第一印象並不怎麼樣，但是在生日派對結束後，施強卻有一股想接近小萍的欲望。因為小萍很快樂、而且有自信。施強覺得只要跟小萍在一起，所有的煩惱都煙消雲散，久而久之，倆人就變成一對。樂天的小萍雖然不苗條，卻不像一般女生，拚命想減肥，相反的，她覺得人生就是要快樂，減肥通常要限制飲食，久了就會快樂不起來，所以，她絕不減肥。

小萍非常懂得欣賞自己，她認為自己最大的優點就是快樂和自信。最近，小萍因為出席多攤喜宴，吃多喝多，人也就變得更圓了，施強會要她減肥，正是發現了這一點。施強以為，小萍會為了他而減肥。他錯了，而且錯得離譜。就在施強說小萍胖的隔天，他在街上看到小萍跟一個男的走在一起，最令人為之氣結的是，那個男的又高又帥，一點都不比他差。怎麼會這樣呢？施強呆楞在一旁。施強還丈二摸不著頭腦，晚上就接到了小萍的電話。

「我想，我們還是分手好了。」小萍丟下這麼一句。

「為什麼？」

「因為你不懂得欣賞我的優點，卻注重我的外表，我不想跟你交往。」

「是這樣嗎？我看，你是找到別的男人了吧！我今天親眼看到的，妳別否認了。」施強冷冷地說。

聽到施強的話，小萍不但沒否認，還說出一個令施強跌破眼鏡的消息。

「他是我的追求者，之前追了我很久了，而你，是我在他之後認識的。」

「妳是說？」

「沒錯，我決定選擇他。」

掛斷電話，施強百思不解，他怎麼會……就這樣被出局了？

施強為什麼被出局了？因為，他不懂得欣賞小萍的優點。而你，懂了嗎？一個真正欣賞自己的人，不會嫌棄自己外表上的缺點，也不會嫌棄別人身高、身材、長相等外表種種，這樣日子才會過得快樂。小肥腿？很可愛啊！滿臉豆花？代表青春嘛！身高一五〇？嬌小玲瓏！外表很善良？那又怎麼樣！

♥♥♥♥♥♥♥♥♥

美聲歌手周蕙的第一張專輯，是以漫畫為封面，據說如此做是為了讓大眾多注意她的歌聲。而她的唱片果然沒多久就紅了，不但躍上排行榜，還是冠軍。在慶功宴上，周蕙提到自己的外表，她說，她會安慰媽媽：「妳的女兒雖然長得不怎麼樣，可是到了國外，這種單鳳眼說不定是最搶手的呢！」看，多麼懂得欣賞自己的女生！

如果，你到現在還會怪媽媽把你生成這副模樣，那麼，請立即開始改變對自己的看法，並改變談論自己的態度，別人讚美你時，不要扭捏地急著說自己的缺點，而是真正的欣賞自己，否則，對方也會因為你的不好意思，而只記住你的缺點，相對的忘了你的優點，多不划算啊！所以，請真正的欣賞自己、儲存快樂資源吧！如此一來，想法才能讓自己更容易心想事成！

態度決定高度

受到別人讚美的同時，也不吝惜讚美別人！

別讓預期心理害了你

不曉得你有沒有這種經驗：
原本以為對方會如何如何地對你好，可是事實上完全不是那麼一回事！

「親愛的，你覺得我今天穿這樣好看嗎？」一位太太為了增進閨房樂趣，特意穿了一套性感內衣。在看報的老公抬頭看了太太，疑惑地說：「妳幹嘛套那麼多游泳圈？」先生的實話，氣得太太回他一句：「我游泳圈？你才是糟老頭、性無能！」

沈憶是一個非常重感情的人。高職畢業後，沈憶就到社會上工作，至今已八年。八年來，沈憶最期待的，就是和死黨們的聚會。社會的爾虞我詐讓沈憶學會保護自己，在公司多年，她和同事們總是保持一定的距離，有什麼心事也不會告訴同事。同事都認為沈憶是一位挺文靜的女孩。可是，在死黨眼中，若說沈憶文靜，肯定會笑掉人家大牙。沈憶的死黨共有四位，每個人都有各自解決不了的問題。甲沒男朋友，只想在工作上拚出一條路。乙與男友快論及婚嫁，卻發現男友另有小女友。丙和老公相處欠溝通，提起他就愁眉不展。丁剛跳槽到新公司，卻有適應不良的問題。

和她們比起來，沈憶就幸運得多，偶爾，她也有解不開的結，但和死黨們比起來，她的問題根本是小Case，因此，沈憶在聚會上，總是扮演娛樂朋友的角色。由於沈憶和死黨們的生日都間隔幾個月，她們的聚會通常都選在個人的生日附近，一方面慶祝生日、一方面聊聊近況，除此之外，若是其中有人發生大事或心情不佳需要訴苦，就會不定期地加強聚會。

沈憶是十二月出生，在每年的聚會中，恰好是最後一個慶生的人。秋天一過，沈憶的生日也不遠，愈接近這個「母親的受難日」，沈憶就愈興奮。「甲生日時，我送她一條項鍊，乙生日收到的皮包，丙生日時，我送上她最愛的Kitty，丁則收到兩千元的Sogo禮券……，不知道她們會送我什麼？」就連走在路上，沈憶望著商店的櫥窗，總是猜想著死黨們會送她什麼。看到想買的首飾，她也會先忍著不買，就怕人家會買來給她當生日禮物。

十二月初，沈憶接到甲的電話。電話中，甲除了問沈憶近況以外，還向她訴說自己的煩惱，拉拉雜雜扯了一小時，就急著上廁所、掛電話。原本，沈憶以為甲是要來探聽她希望收到什麼生日禮物的，可是，甲壓根兒沒提到半句。

「怎麼可能呢？再等等看吧！」沈憶自言自語。

結果，一直到沈憶過完生日，都還沒接到任何一位死黨的電話。「為什麼會這樣？」沈憶愈想愈委屈，哭著說「她們每一個人的生日，我都記得，而且都是我先打電約大夥兒聚會、買禮物的，我對她們那麼好，她們怎麼可以這樣對我？」

♥♥♥♥♥♥♥♥♥♥

為什麼呢？答應很簡單，因為，大家都太忙了。從故事中可以知道，甲乙丙丁都有自己的困擾，再加上大家都有工作，下了班就想休息，於是，沒有人想起沈憶的生日。最重要的是，沈憶掉入一個很大的人際陷阱，那就是。對人的預期心理。

不曉得你有沒有這種經驗，原本以為對方會如何如何地對你好，可是事實上完全不是那麼一回事！這就是對別人有著預期心理惹的禍。

「情人節我買了手錶送他，可是他什麼也沒回送給我。」

「我考了一百分，可是爸媽卻沒有讚美我。」

「我拾金不昧撿了一百萬，沒想到失主竟然連謝謝都沒有！」

「我花了兩小時煮了一頓晚餐，他十分鐘就吃完，好不好吃也沒說！」

仔細留意自己和周遭朋友的問題，是否常因為預期的與實際發生的不同，而出現各種失落或怨恨的語氣。怨氣一多，對身體可沒有好處。最糟糕的是，這種氣體，可不像「人體瓦斯」一樣，從肛門就可以放出來，不會殘存。所以，我們得練就一套去除預期心理的功夫。

時時提醒自己，不要在心中描繪「我對他這麼好，他一定會如何如何」等景像。學會善待別人很好，但是懂得顧自己更重要，如果，永遠都只是等著別人的回應來過日子，又如何能真的快樂生活，真的抓住幸運！記住，唯有練成這套功夫，你的人生觀才會豁達，成功也就自然隨之而來！

態度決定高度

愛身邊的人，但不要對他們有預期心理。

有人說你壞話，不須Care！

壞話的內容不但愈傳愈「豐富」，
還會愈來愈「五花八門」、「觸類旁通」

你，有沒有被說壞話的經驗？當你從某人口中得知自己被人說了壞話時，你會做什麼樣的反應？是火速追查始作俑者，還是看見誰就提起這件事為自己辯駁？或者，什麼都不說？

這幾天，妮妮覺得大家看她的眼光都怪怪的。怎麼說呢？有的人出現不可置信的眼神、有的人是鄙視的眼神。其中，也不缺懷疑、恐懼的表情。平常和她有說有笑的同學們，雖然見了面依然會打招呼，卻不像往常一樣還會聊個幾句。只有死黨小欣仍舊和她在一起。

「小欣，妳會不會覺得大家好像怪怪的。」這天，妮妮終於忍不住了，她將自己的感覺告訴小欣。

「不會啊，妳別神經質好不好？」小欣拍拍她的頭。

「那，如果妳聽到什麼事，要告訴我唷！」妮妮囑咐著。

這天，妮妮因為「那個來」，無法上游泳課，只好坐在池畔看著同學們戲水。和妮妮一樣無法上課的，是素有「八卦女」之稱的小娥。由於身高差距太多，坐在第一排的小娥，與坐在後排的妮妮沒有什麼交情，一學期根本說不到幾句話。游泳課開始時，妮妮和小娥雖然都在池畔，卻各想各的，一言不發。

或許是太久沒跟同學們聊天了，妮妮止不住嘴癢，和小娥攀談起來。聊著聊著，小娥突然歪著頭、彷彿在考慮什麼事情般，許久才吐了一句話：「好奇怪哦，我覺得妳根本不像是會出賣朋友的那種人。」

「我出賣朋友？」妮妮覺得又好氣又好笑，她這人生平最講義氣，怎麼可能出賣朋友？妮妮突然想到最近大家看她的奇怪表情，難道是為了這件事？

「我告訴妳唷……」小娥接下來說的話，差點兒沒讓妮妮跌進泳池裏。

「班上都傳說妳在上一個學校參加幫派，又偷錢、又打人，卻全都賴到別的同學身上，後來東窗事發，妳只好轉學。」

「是誰說的？」聽到自己被抹黑，妮妮非常想揪出消息來源者，問她為什麼要這麼做。

「嗯……我也不記得了，反正一傳十、十傳百嘛！」小娥突然得了「選擇性失憶症」。

問不出所以然，妮妮只好反問小娥：「妳看我這個樣子像是會偷錢、打人的人嗎？」

「我是覺得不像啦，可是……」小娥話說到此，就再也不說了。

妮妮知道，小娥想說的是「人不可貌相」，只是她怕話一出口，說不定第二天就被妮妮找人海扁了。

游泳課結束後，妮妮將這件事告訴小欣，小欣倒是一臉迷惑，表示她從來沒聽過這種說法：「大概是我跟妳太要好了，人家不敢告訴我吧！」小欣下了一個結論。幾天後，妮妮在廁所裏聽到這樣的對話：「欸，妳跟妮妮的交情好像愈來愈好了！」「別說了，別看妮妮一副嬌小玲瓏的模樣，我發現她是真的很有來頭呢！」

接下來，妮妮所聽到的，跟小娥之前告訴她的種種一模一樣。直到上課鈴響，妮妮聽到交談聲消失後，才慢慢地步出廁所。她特意從前門繞進教室，經過小欣身旁時，故作笑吟吟地說：「小欣，妳剛剛說的故事真的很精彩！」

♥♥♥♥♥♥♥♥♥♥

被人說壞話時，身為主角的，心情都好不到那裏去。最奇妙的是，身為主角的，通常都還不知道自己會是這樣子的人。很假啦、很做作啦、小氣啦、搶人家男友啦、不顧朋友道義啦、考試作弊……等，壞話的名堂百百種，令人想都想不到。

更糟糕的是，壞話的內容不但愈傳愈「豐富」，還會愈來愈「五花八門」、「觸類旁通」。而且，主角通常是最後一個知道的人。可以想見，主角所聽到的壞話，會是多麼地辛辣、不可理喻了。瞭解了這個道理後，不管你決定如何處理，心中一定要有個認知：絕不能讓壞話打倒。人家會說你壞話，就表示他對你有嫉妒或不喜歡的情緒。

也有一種人是口無遮攔，愈是不如他意的，就愈加油添醋起來。他的目的就是要藉此讓你沒面子、不快樂。既然如此，你還要上他的當嗎？如果你把時間花在「以毒攻毒」或者「怨聲載道」上，不如將這美國時間拿來照顧自己，讓自己天天都有好心情吧！

態度決定高度

保有好心情，成功、好運跟著來。

人往往犯了誇大的毛病

小茹覺得她並沒有「搶」，而是兩情相悅；
她是為了不讓小靜難過而不是「假好心」；
她更不是見男人就愛的「花癡」。

你有沒有這樣的經驗：人家說某某女生美的不得了，跟你簡直是一對，結果當你看了以後，卻覺得對方不怎麼樣。有人告訴你某個地方的麵好吃到會想再吃第二碗，結果跟你吃過的沒什麼兩樣。還有，聽說某某老師很凶，害得你第一次上他的課就神經緊張，下了課之後發現老師根本沒有那麼黑面獠牙，這些，都是誇大惹的禍！

小茹是一個美女。皮膚白裏透紅、長髮比芝麻還黑、說話輕聲細語、舉手投足都有一股巨星風采。即使讀的是女校，小茹的美依然讓同學們發出驚嘆號。參加話劇社，公主的角色非她莫屬；上台發表意見，大家的眼睛絕對盯著她看；有人因為她美，而很想跟她做朋友；就連老師也稱讚她溫柔可人。

最近，小茹卻覺得美是一種負擔。這話要從社團聯誼說起。由於小茹和小靜、小婷三人一同加入話劇社，感情也愈來愈好，順勢義結金蘭、互以姊妹相稱。三姊姊中，小茹文靜不多話、小靜直爽性子衝、小婷開朗活潑。在社長以「互相切磋演技」的理由下，小茹的社團和某男校的話劇社聯誼，經過抽籤分成兩組，並言明學期結束時來個小公演。巧的是，小茹和她的姊妹們依然被分在同一組。

「我們真的很有緣！」回家的路上，小靜興高采烈地說。

「就是啊，我看所有的男生都恨不得抽到我們這一組。」小婷推了推小茹，接著說：「誰叫超級大美人在我們這裏呢！」

「妳們別這樣，我對演戲比較有興趣，對那些臭男生可是沒什麼想法。」小茹回答。

「說到男生，我發現我們這組有一個是我的小學同學耶！」小靜說著說著，臉頰竟浮上一朵紅雲。

原來，這位名叫小俊的男生，是小靜的暗戀對象，從小學到現在，小靜一直偷偷地喜歡他，只是沒敢跟他表白。

「難道，妳剛剛說『我們真的很有緣』，指的是小俊？」小婷揶揄她。

在一次又一次的練習裏，大家愈來愈熟絡，加上小俊和小靜是舊識，小俊和三姊妹又更沒有距離。「羅密歐與茱麗葉」是此次演出的戲碼，女主角當然是小茹，男主角則是小俊。公演之後，小俊告訴小茹，他在看到她第一眼時，就已經喜歡上她。

「妳呢？」小俊問。

望著小俊熾熱明亮的眼神，小茹不想回答，她其實也對他有好感，在每一次的對手戲中，她幾乎都不敢正面看他。可是，小靜怎麼辦？

「妳不說，就代表妳也喜歡我。」小俊當然不知道小茹的心思，他很有自信地握住小茹的手。

「可是，我有一個要求。」小茹接著說：「能不能別告訴小靜和小婷。」

「妳不說、我不說，就不會有第三人知道。」小俊篤定地回答。

倆人就這樣秘密地交往了半年，還是被發現了。小靜不諒解她，就連小婷也站在小靜這邊。不久，花癡、專搶人家男朋友、假文靜、假好心等名詞——」落到小茹身上。

怎麼會這樣呢？小茹覺得她並沒有「搶」，而是兩情相悅；她是為了不讓小靜難過而不是「假好心」；她更不是見男人就愛的「花癡」……倍感委屈的小茹，真不知該怎麼做才好？

♥♥♥♥♥♥♥♥♥♥

喜歡誇大，是人的毛病。有的人誇大成了習慣，三百塊的皮包說是三千塊；夜市買的衣服就是精品店裏的上等貨，這種誇大，為的是虛榮。也有人誇大是為了面子。

明明兒女在附近城市，從未回家探親，卻說他們都留美唸書；自己月入三萬塊卻說月賺十幾萬；連高爾夫球場都沒看過，卻稱自己有好多把頂級的高爾夫球桿。

如果，說的是跟自己有關的事，跟我們沒什麼利害關係，聽聽也就罷了。

不過，也有一種人沒興趣說自己，倒很喜歡將別人的事誇大，可就讓受害者大喊吃不消。

異性緣好一點就變成了花癡。被人說是借錢不還，其實只是為了打電話向人借了一塊錢忘了還！聞到魚腥味想吐、吃不下，就被人猜測懷孕了！才剛交往就被傳成要論及婚嫁。一點點爭吵也傳成是離婚。

這……這簡直是白的說成灰的，無尾熊說成台灣黑熊。

♥♥♥♥♥♥♥♥♥♥

誇大和說壞話有異曲同功之妙，不同的是，壞話就是壞話，而誇大不見得是針對不好的事情，有時，一點點好事也會被誇大。但不管是好事或壞事，只要當事人感到困擾，就變成了麻煩事。

遇到人家拿聽來的誇大事情向你求證時，過度反應不但會讓人有「愈描愈黑」的感覺，自己的情緒也會因此而受到刺激，一點好處都沒有。最好的方法是，不妨臉上裝酷、嘴上以「誇張」二字帶過（就像「灌籃高手」裏的流川楓一樣），什麼也不要多說。其它的，就留給人家去猜吧！

記住，愈是跟著別人鑽牛角尖，就愈容易感覺自己變倒楣，變得自怨自艾，與成功愈來愈遠，何不放開心結，抬頭挺胸，將重心放在自己想要的事情上呢！

態度決定高度

不需故意戳破別人的肚皮，
也不故意誇大自己，這樣人生才會過的開心。

社會新鮮人一定要上的13堂課

定價NT250元

全彩圖解、史上最強的社會新鮮人成功學大公開！

***最完整的職場成功學**

本書堪稱為最完整的新人職場成功學，從如何選擇好公司、跟對老闆、提升自我競爭力等方面，作者都有精彩且詳盡的解析。

***讓讀者輕鬆了解職場上的生活之道**

本書運用全彩圖解的高規格製作，用通俗化的語言、豐富的圖表，力圖讓讀者輕鬆了解新鮮人所該努力的方向，作者並用多年經驗分享在職場上的生存之道。

***最實用的商業技巧**

此書要教會讀者的是一種很有效、很實用的商業技巧，能幫讀者找到工作、保住工作快速升職，讓你的職場關係更和諧，順利闖出一片天，比別人更快速成功。

Encourag

勵志雲 03

成功，從微笑開始

出 版 者 / 雲國際出版社
作　　者 / 廖翊君
總 編 輯 / 張朝雄
封面設計 / 陳冠傑
排版美編 / YangChwen
內文校對 / 李韻如
出版年度 / 2012年8月

帳號 / 50017206 采舍國際有限公司
（郵撥購買，請另付一成郵資）
出版中心
/ 新北市中和區中山路2段366巷10號10樓
出版中心
/ 北京市大興區棗園北首邑上城40號樓2單元709室
/ （02）2248-7896
/ （02）2248-7758

全球華文市場總代理 / 采舍國際
地址 / 新北市中和區中山路2段366巷10號3樓
電話 / （02）8245-8786
傳真 / （02）8245-8718

全系列書系特約展示 / 新絲路網路書店
地址 / 新北市中和區中山路2段366巷10號10樓
電話 / （02）8245-9896
網址 / www.silkbook.com

成功，從微笑開始/廖翊君著. -- 初版.
-- 新北市 : 雲國際, 2012.06
面；　公分
ISBN 978-986-271-228-3 (平裝)
1.修身 2.生活指導
192.1　　101009463

本書採減碳印製流程並使用優質中性紙（Acid & Alkali Free）最符環保需求。